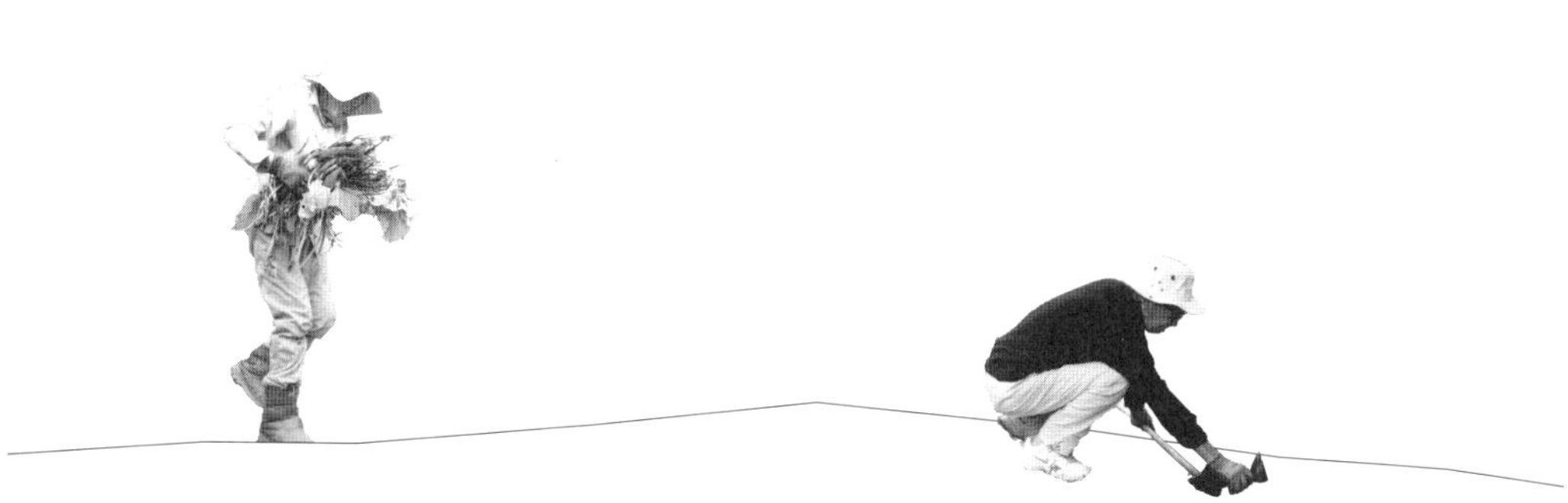

ひでこさんのたからもの。

つばた英子
つばたしゅういち

主婦と生活社

4年ぶりに。こんにちは。
愛知県高蔵寺のニュータウンに
ちいさな丸太小屋を建て
機織りをして、野菜をつくり
手間ひまを惜しまず40年。
さあ、時をためる暮らしの集大成、
はじまりです。

しゅういちさん

Shuichi Tsubata

1925.1.3 生まれ

B 型

これまでの人生

東京大学第一工学部を卒業後、建築設計事務所を経て日本住宅公団に勤務。つばた家のある高蔵寺ニュータウンなどをはじめ宅地造成を担当。その後広島大学教授などを歴任。退任後は自由時間評論家として活躍。

苦手なこと

「なんでも楽しく」がモットーのしゅういちさんは、悲しい話や出来事が苦手。新婚時代、英子さんに「生活費が足りない」と言われて数日間暗い顔になったことも。苦手な食べ物は鶏肉、魚、外食。病院通いは大の苦手。

好きなこと

「自分の人生に欠かせない」ヨット。結婚してお金に余裕がないときも、ヨットだけには費やした。これまでに5回遭難しかかったが、無事帰還。88歳のときに、念願だったタヒチ・クルーズに出かけ、昔のヨット仲間と再会した。

英子さん
Hideko Tsubata

1928.1.18生まれ

O型

これまでの人生

愛知県半田の老舗の造り酒屋の娘として、身の回りの世話は、ねえやがやってくれる環境で育つ。体が弱く、母の手料理だけを食べて育つも、10代のうちに両親を亡くし、27歳で結婚。娘2人を育てる。

苦手なこと

「大ざっぱ」を自認する英子さん。きっちり材料を計って調味するのも、使った庭道具を片づけるのも苦手。外食も外に働きに出るのも得意ではなく、結婚して家のことだけに専念できたのが「本当によかったわ」。

好きなこと

畑、料理、編み物、機織りなど、手間ひまかけて行う手仕事全般。自分で食べるより、家族や来客に、おいしいと食べてもらうのがうれしい。酒屋に育ち、古くていいものに囲まれて育ったからか、器が大好き。和食器・洋食器どちらも好む。

4年ぶりのつばた家、少しだけ変わりましたよ

大きく変化することはないけれど、日々の暮らしをスムーズにする改良を、少しずつ進めています。

手紙がコミュニケーションの重要な役割を果たすつばた家では、受け取る郵便の量も多いので、ポストをサイズアップ。暑い夏でも畑の作業がしやすいよう、日よけをつけました。

ポストが大きく

置き型タイプの、赤く目立つ郵便受け。郵便屋さんへのメッセージも。1日1度の郵便物の回収はしゅういちさんの役目。

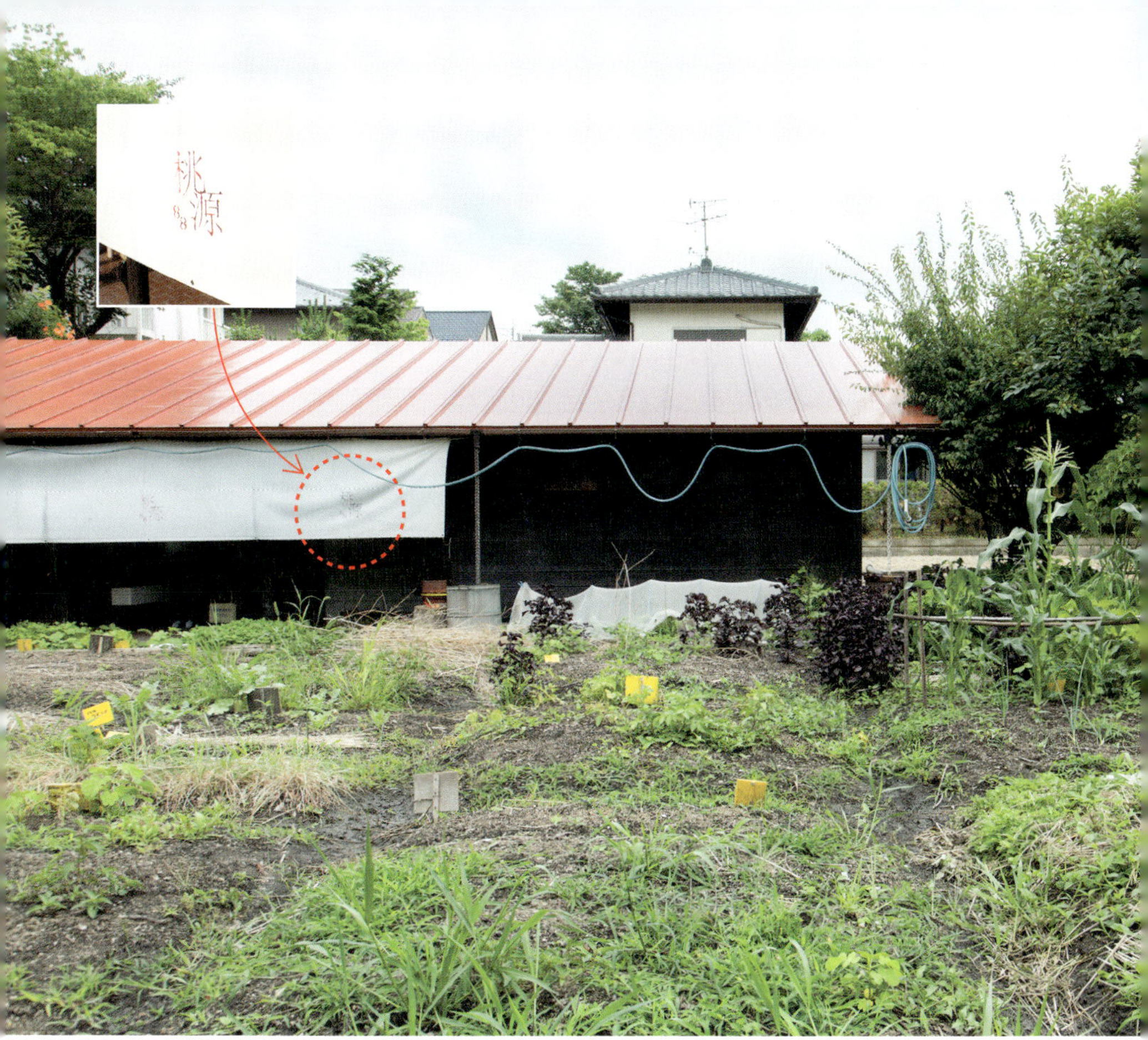

作業小屋に
日よけのテント

直射日光があたってまぶしかった作業小屋には帆布の日よけ。ヨットで培った、しゅういちさんのロープワークが役立っています。

コンポストも

畑の隅では、生ゴミ、雑草、枯葉などをどんどん詰めて、堆肥を作っています。ここ数年は「塩抜き食事」に忙しく、畑がおろそかになりました。結果、コンポストの数は少し減少。

照明が
増えました

室内も変わりました

コードを延ばして裸電球を下げ、リビングの照明を1つ増やしました。しゅういちさんのコックピットをやさしく照らす、小さなあかりです。

冷凍庫が増えて、英子さんの作り置きがますます充実しました。

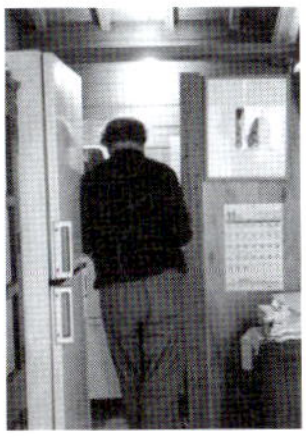

食器棚の上には、しゅういちさん手製の額を飾って。そのときの気分や季節によって掛け替えています。

新入り

冷凍庫が
増えました

引き出しタイプで使いやすいのがお気に入りです。
　ほかにもテーブルの配置を換えたり、ヨットのステアリング飾りの位置をずらしたり、ちょっとした気分転換もしています。

でも台所は同じです

給湯器がないからお湯が出ないのも、小さくて羽根の折れた換気扇しかないから、換気には窓を開けなくてはいけないのも、変わりません。

　２口しかないガスコンロも、１００度の表示で１８０度になるオーブンも健在。コンパクトなスペースからおいしい香りが漂って、次々とごちそうができあがる様子もこれまでの通りです。

ガスコンロも

換気扇も

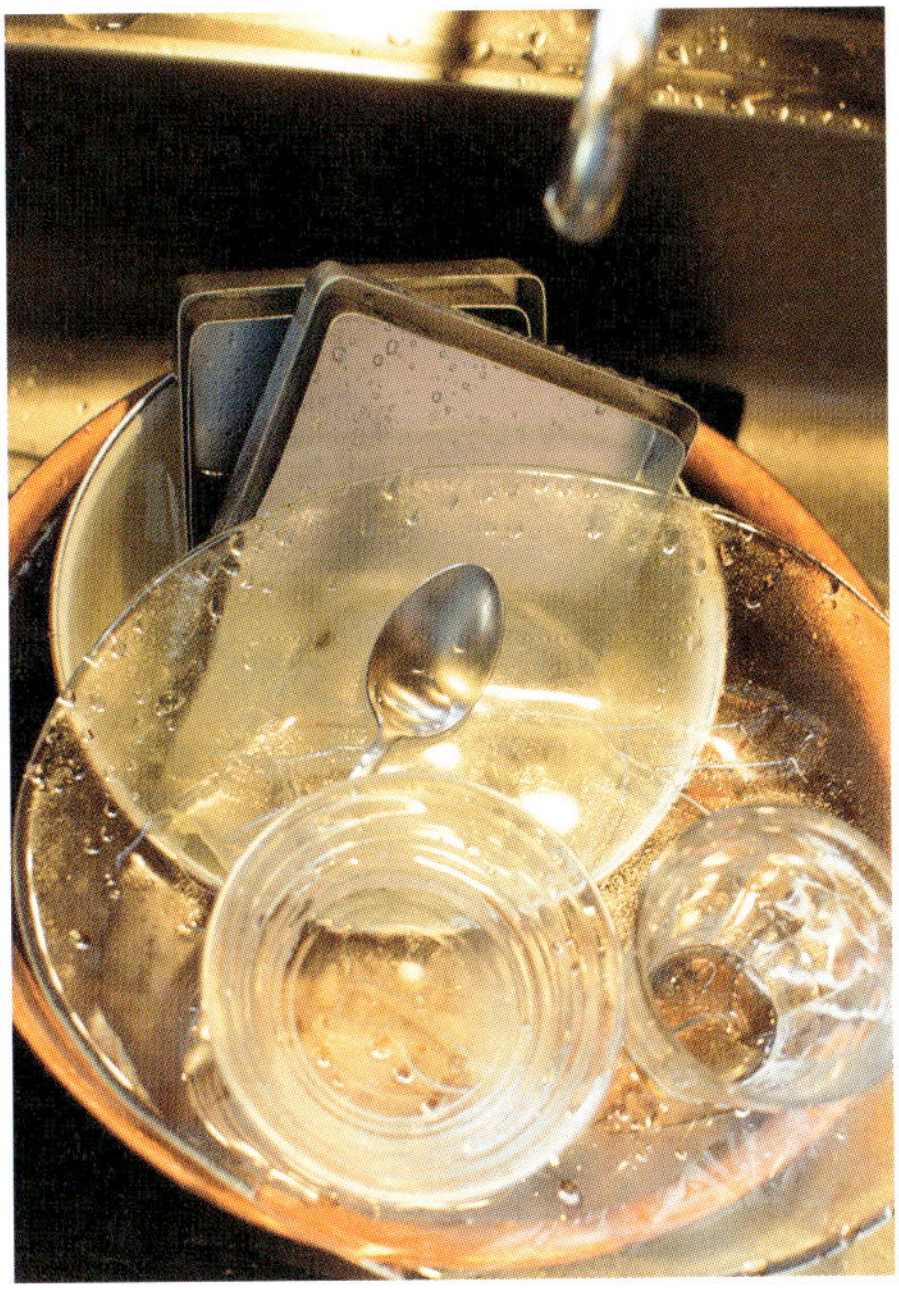

お湯が出ないのも

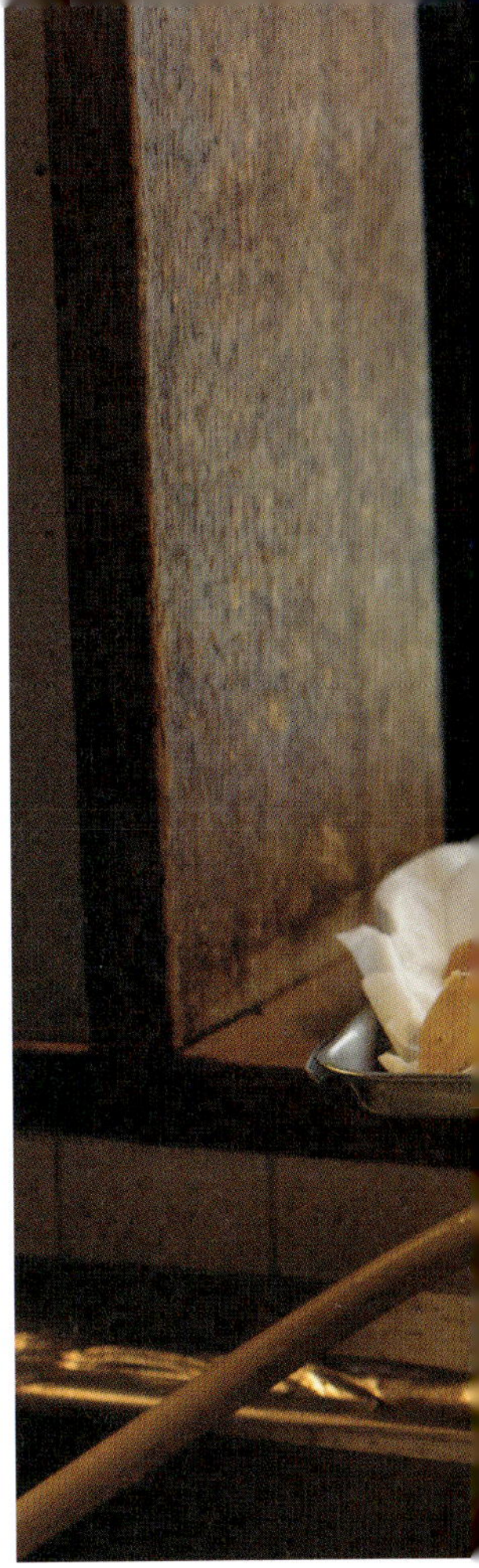

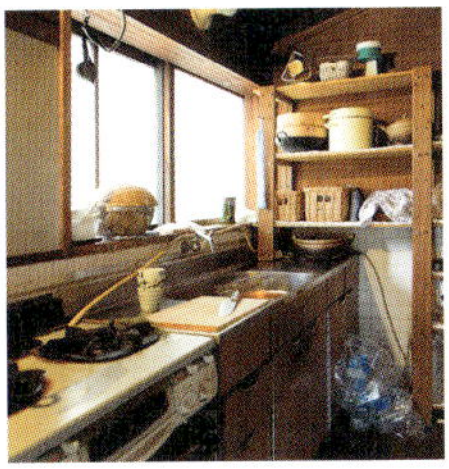

ガスオーブンも

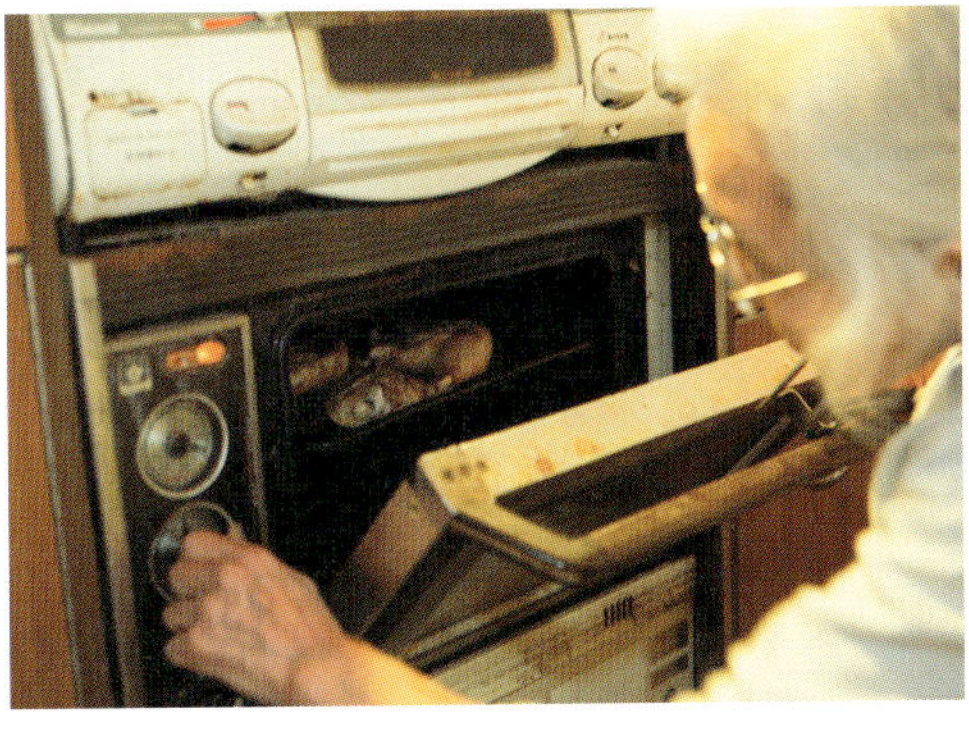

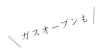

朝食は

塩抜きの食生活に切り替えたため、食卓からは味噌汁がなくなりました。そのかわりおかずの数が増えました。

まいにちの営みも変わりません

朝のジュースも

「市販のキャベツは堅くてジュースにならないから、畑で葉っぱのやわらかいところを採ってくるのよ」

この4年の間に、しゅういちさんが入院をしました。年齢とともに体も少しずつ消耗してしまったようで。生活のリズムは変わりませんが、食事の内容が少し変わりました。

　それでも英子さんは毎日3食ごはんを作り、畑仕事をし、しゅういちさんはコックピットで書き物や記録の作業。それぞれの場所でそれぞれの楽しみを見つけながら毎日を過ごしています。

英子さんに代わって、洗濯機をまわすのも、洗濯物を干して取り込んでたたむのもしゅういちさんの役目。これも変わらないまいにちの営み。

洗濯も

手仕事も

手紡ぎ糸で編む靴下は、今でも時間があけば編み棒を動かして。少しずつ編みためておきます。

手作りおやつも

今日は娘のろんちゃんお手製の「水無月」を。素朴な味とやさしい甘みの京都の和菓子。ハブ茶を添えて。

しゅういちさん@コックピットも

届いた手紙に返事を書いたり、資料を整理したり。ここに座ると、やりたいことがふくらんで、あっという間に時間が過ぎていきます。

朝起きて、ジュース用の菜っ葉を収穫して朝ごはん。
10時のおやつとお昼が終わったら、シエスタです。
夕ごはんをいただいて、さあそろそろ寝ましょうか。
合間には、編み物や保存食など作ります。
ばぁばとじぃじから孫娘へ、味覚を伝える物語。

ひでこさんのたからもの。

目次

あしたにつなぐ食事

テーブルの中心には、肉や野菜、お好み焼きをあぶる網をセット。「みんなでにぎやかに食べるとおいしいわね」と英子さん。

お雑煮の具

鶏だんご、いわしだんご、えびとほたてのだんごなど、日替わりで出汁に入れて煮る。ねぎ、キャベツ、もやし、しいたけ、まいたけかしめじを全部湯引きして、だんごの汁に加える。
「塩抜き生活だから、味噌汁が飲めないでしょ。野菜をたくさん食べるためにもお昼はお雑煮なの。しゅういちさんはおもちも好きだし、いろいろな素材が少しずつ口の中で混ざり合って味わい深くなるから、味が薄くてもおいしく食べられるのよ」

からだの中から塩を抜く

2年前にしゅういちさんが体調を崩して入院を経験してから、つばた家の食生活は、それまでとはガラリと変わりました。

「腎臓がよくなかったの。ずっと使ってきた体だから、だんだんくたびれてきちゃったのね。だから今までと同じ食生活じゃなくて、塩分も控えないと。病院の先生も若いうちから塩分は薄くしたほうがいいとおっしゃるし。それまでは調味料と砂糖と塩でカムフラージュして、それをおいしいと思っていたのね。でも、塩抜きのおかげで、今では素材そのものの味がわかるようになりました。舌が敏感になったのでしょう」

しゅういちさんが退院してから、少しずつ塩を減らすようにしていた英子さん。しかし通院を続けるなか、

「利尻昆布はちょっと上品。普段の出汁用には羅臼昆布を使うことが多いわね」

塩を体から少なくすれば、ほかのどんな病気もよくなりますよ、という病院の先生のアドバイスから、思い切って塩抜き生活を徹底することに。

「これからは、体の中から塩を抜かなきゃダメだと思って、ほとんど塩なしでいろいろな料理を試してみたの。本も参考にしてね。最初はあまりにも薄味で、主人がいいかげんにしてくれって言うかなと思ったけれど（笑）、ほんとうに私のメニューをよく食べてくれましたからね。よかったですよ」

塩を減らすと、甘みも薄くてすむようになって、最近では市販のものは味が濃くて食べられなくなってきたと、英子さんは言います。

日々の料理においての一番の変化は、とにかく出汁《だし》をしっかりとるようになったこと。鰹節、昆布、干し貝柱、えびなど、いいものを探して、何種類かの出汁

お肉を食べるときは、
焼きながら
ゆっくりゆっくり。
「なんでも楽しく」が
お父さんの
モットーだから

3

牛肉の昆布〆

昆布〆用の平たい昆布で、牛肉をはさんで冷凍しておく。「福井の人はこんにゃくでも昆布〆にするって聞いて、お肉でもできないかなと思って。やってみたら、お肉に風味が移って、塩分がなくてもおいしくいただけるの」。食べるときは、前日に冷蔵庫に移しておいて、解凍してから網焼きで。お肉といっしょに野菜も焼きながら、ゆっくりゆっくりいただきます。しめるのに使った昆布は出汁をとるときに再利用することもあります。

を週に1度たっぷりととり、切らさないように冷蔵庫に保存。毎日のお雑煮や煮物、常備菜の調理に役立てています。ただ、塩を使わなくても、干し貝柱やしらすなどには多少の塩分が含まれています。だからこそ、料理には出汁をたっぷり使って、それ以外の塩分をできるだけ加えない。その手間ひまを楽しむのもまた、英子さんの毎日の張り合いになりました。

ほかにも塩抜きの食事を楽しむ工夫がありました。食卓のしつらえを今までよりも頻繁に変えることです。もともと器が大好きだった英子さん。テーブルクロスを変えたり、大皿と小皿をうまく組み合わせたり、お皿の柄で楽しんだり。見た目にも気持ちがウキウキするように、盛りつけ方にも、今まで以上に気を配るようになりました。

出汁昆布の佃煮

「作るのに1週間くらいかかるんです。でも、いつもキッチンにいますしね。1日1回沸騰させて火を止めるだけでかかりきりではないから大変ではないの。小分けにして冷凍して、しゅういちさんのお食事に。だしと貝柱のうまみで、けっこうおいしく食べられるのよ」。電子レンジのないつばた家。解凍はオーブントースターで。

出汁が重要

「塩抜き生活を送るようになってから、塩がなくても食事をおいしくいただくにはどうしたらいいかしら、とあらためて考えたの。そこでやっぱり出汁をきちんととるのが何より一番だって思ったのよ」

そこからは、チャレンジ精神旺盛の英子さん。昆布、鰹節、干し貝柱にえびの頭など、うまみのしっかり出る素材をひとつひとつ吟味していきました。しゅういちさんも、顔の見える人の作った素材が安心でいいというので、各地から納得のいくものを取り寄せながら、今の材料にたどり着きました。

お雑煮や煮物に使う基本の出汁、それをベースにした味つけ用の出汁やいちばんコクのあるスープのような出汁。主に3種類の出汁を作りおき、さまざまな料

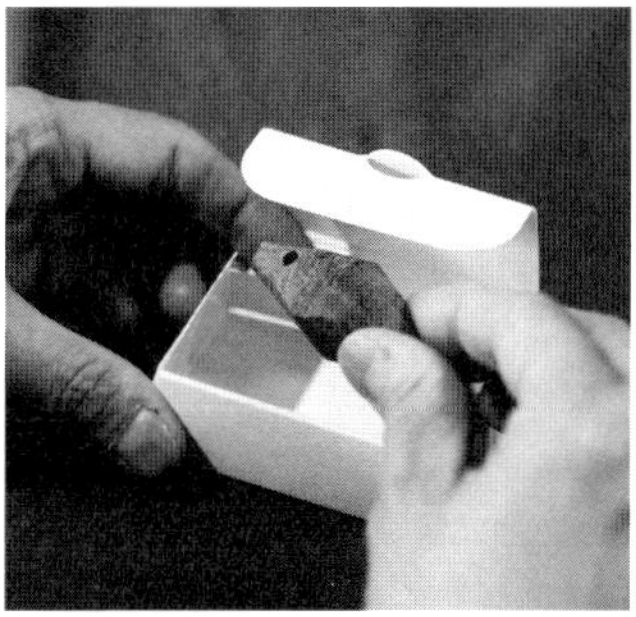

出汁いろいろ

上／本枯れ節を削るのはしゅういちさんの役目。これ以上削れない、という大きさに残った鰹節は、まるで宝石のよう。お気に入りのチョコの空き箱に収めて。
左／昆布、鰹節、干し貝柱…。うまみのしっかり出る素材をいくつも使えば、薄味は、おいしさを引き立て、舌の感覚を育てる味方に変わります。

理に使い分けていきます。どれも素材に出汁のうまみがじっくりとしみ込み、塩分がなくても十分においしく仕上がります。

「薄味に慣れて、素材自体がおいしく感じられるようになったのが、かえってよかったわね。病院の先生にも状態がよくなっているとびっくりされたのよ。ふつうは現状維持がせいぜいなのにね」

家族の健康はずっと、自分が作る料理で守ってきたという英子さん。

「塩抜き生活も、何かやってみたら少しはよくなるはず、と思って一生懸命試してきたけれど、やってみたかいがあったわね。よかった。やっぱり自分で手を動かさないとダメなのね」

塩抜き生活を支える大切な出汁は、今や英子さんの料理の大きな柱となっています。

できた出汁は瓶に入れて、冷ましてから冷蔵庫で保存。「思い立ったときにいつでも使いたいから、切らさないようにしているの」

「英子さんの出汁」

しゅういちさんがお昼に食べるお雑煮や、風味を大事にしたい煮物などにはこの一番出汁を使います。昆布と鰹節でていねいにとった出汁は、素材の味を引き立て、大根やたけのこ、ふきなど季節の野菜を味わい深くふっくらと炊き上げてくれます。「あごだし」や「おでんの出汁」の素にもなる、英子さんの料理の基本の出汁。

土鍋にたっぷりの水を張り、羅臼昆布を入れ、半日から1日置く。中〜弱火にかけ、水が減ってきたら足す、を繰り返して1時間ほど煮る。鰹節をふたつかみほど入れ、沸騰したら火を止める。昆布を取り出し、鰹節をこしたら、できあがり。一度にたくさん作っておいて、1週間ほどで使い切る。

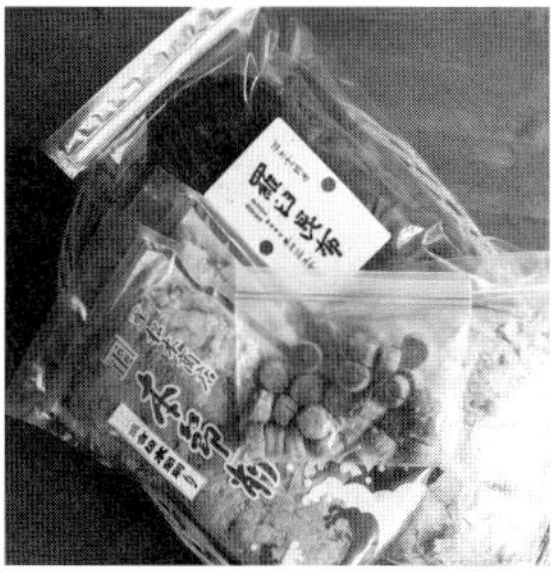

昆布や鰹節に加えて、干し貝柱やえびが味わい深い出汁をとるのに、とても役立つ。

［あご出汁］

大根の煮物などは、これを「英子さんの出汁」に大さじ1～2杯ほど入れて煮て、味を見ます。ほんの少し味がついていれば大丈夫。「私たちは十分おいしく感じていますが、普段から濃い味に慣れている方たちには、きっと薄いと思います。お好みで」

とびうおのだし（127ページ）、酒・みりん各50ccを合わせ、「英子さんの出汁」600ccに加え、ひと煮立ちさせて冷ます。

［おでんの出汁］

大勢が集まったときに煮るおでん。卵やごぼう巻きなどが入るので、普段の煮物よりさらにコクのある出汁がよく合います。干し貝柱、鶏の骨つき肉、えびの頭などで深みのある濃い出汁に。「出汁と水にはお金がかかるようになりました。でも、それだけでお塩を使わずにおいしく食べられるから、舌の感覚が本当によくなった。お父さんも私も」

えびの頭、鶏の骨つき肉3～5本、干し貝柱5個、えび、「英子さんの出汁」を土鍋に入れてゆっくりとコトコト煮る。沸騰したら鰹節を加えて火を止める。えびや鶏、貝柱はアクが出ることもあるので、そのつど取り除いておく。

土鍋でゆっくり炊き上げるおでん。出汁のコクと素材のうまみが凝縮され、塩を加えなくてもおいしい。

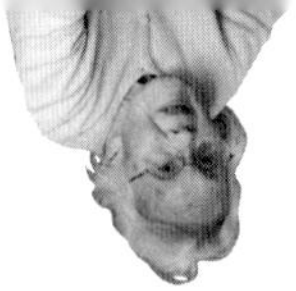
少しずつを10種類くらい、
口の中で噛んで混ぜれば
味が薄くても
おいしく感じられる。
だから細かく作っておくの

いろいろな味を少しずつ

若いころはメインの一品があってあとは少しのつけ合わせ、といった献立で食べたりしていたけれど、年齢とともに、ふたりも食事の内容が変わってきました。
「手間はかかるけれど、毎日いろいろな種類の食材をバランスよく食べないとね。そうすると体の調子もいいのよ」

塩抜きの食生活をするようになってからは、ますますいろいろなものを少しずつ、おかずとして出すようになりました。というのも、少しずついろいろな味のものを口の中で混ぜながら食べると、風味が混じり合って薄味でもおいしく食べられるからなのです。

しゅういちさんは以前からあまり魚を好みませんでしたが、しらすや小魚などは毎日何かしら口にしてき

常備しているもの

しゅういちさんの朝食に、さっと出せるように、作り置きのおかずを多種類用意するのが肝心。毎日10品ほど出すので、同じものが続かないよう、いろいろと工夫をしながら、準備をしておきます。酢ばす、ひじき、きんぴらごぼう、田作り、黒豆、梅の甘煮など。瓶に入れたり、1食分ずつくらい小分けにしたりして冷凍します。

ました。今でも田作りを切らさないように作り置き、ちょこちょこと食卓に出しています。あまり意識をせずにカルシウムをとるための、英子さんなりの工夫です。それ以外にも枝豆をむいておかゆに入れたり、夕食のごはんに入れて炊いたり、1つの素材の使い方に変化をつけながら、〝いろいろなものを少しずつ〟生活を実行しています。

ほかにも笹かまぼこに大根おろしを添えたものや、出汁だけで煮た山ぶきなどを添えて。「いろいろな中にも、好きなものを2品くらい入れると喜んでもらえていいわね」と英子さん。大勢でテーブルを囲むときも、しゅういちさんのお皿に取り分けるのは英子さんの役目。バランスよく、見た目にも美しく、しゅういちさんのお皿に盛りつけていきます。

だから材料が大切

結婚した当初、しゅういちさんは肉屋さんのコロッケを買うなど外での食事もしていましたが、英子さんは外食をほとんど受けつけられません。というのも、英子さんは幼いころ腸が弱く、お母さんの作ったものだけを食べてきたので、外食に慣れることができなかったのです。英子さんがいつも自宅で食事を作っていたため、しゅういちさんも仕事が終わると家に戻り、毎日いっしょに食事をしていました。お昼のお弁当も英子さんの手作りで、1日3食、英子さんの作ったものだけを口にする暮らしに自然となりました。

英子さんは当時から体にいいものをおいしく食べたいという意識があり、そのころ住んでいた原宿からほどないところにあったスーパーで、鮮度がよく安心な

めかぶ酢

「もずくやめかぶは酢の物として、日々食べているおかずのひとつ。今日はもずくが手に入らなかったので乾物のめかぶで。買い置きがきくから乾物は便利なの」お湯を沸かしてめかぶをさっとゆがいてざるに上げておく（1）。丼にお酢と本みりんと少しの甜菜糖を加え（2）、めかぶを加えてよく混ぜてネバネバを出す（3）。お酢の加減はお好みで味を見ながら。「味つけは、いいかげん（笑）。でも、お父さん好みの味にしているの。おいしいって食べてもらえるのが一番だから」

完成

食材を調達していました。

「値段が高いといわれる紀ノ国屋さんだったけれど、このお店なら一生の食をたくしても大丈夫だと思ったの。野菜は土。魚肉は育った環境と食べさせたものが大事ね。だから、結婚したときに持たせてもらった着物なんかは、ほとんど食材に消えちゃった（笑）。でもそのおかげで、今のこの元気な体があるのだと思うの」

食はいのち。ものはなくても暮らせる。
でも、体に入るものはいいものじゃないと。
だから高いものも高くないのよ。

と英子さんは言います。

「今はものが有り余る時代だけれど、体にいいものは

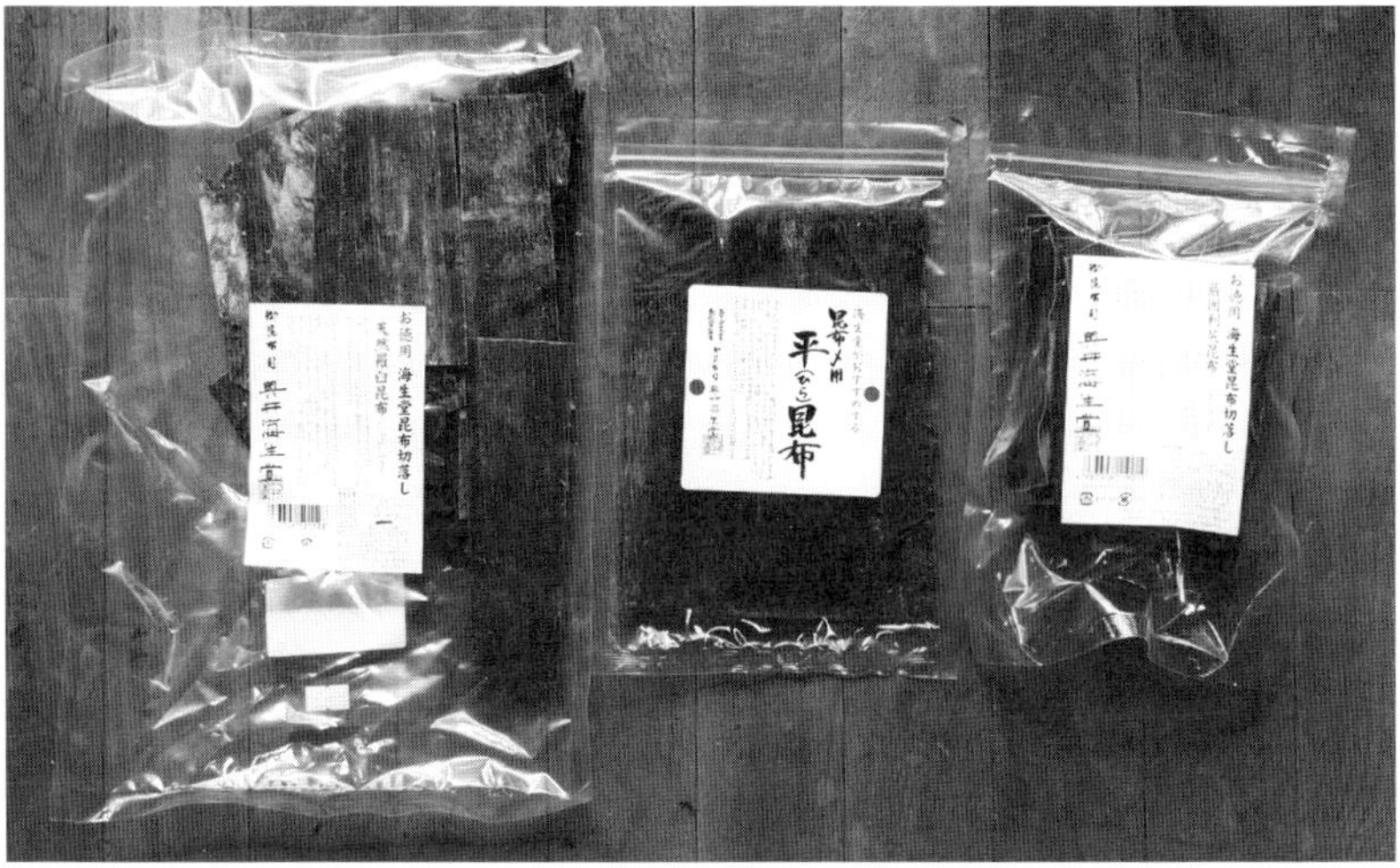

昆布

出汁用、佃煮用、昆布〆用など、用途に応じて利尻、羅臼など使い分けて。最近取り寄せて使っているものは福井の奥井海生堂のもの。昆布〆用を使ってみてよかったので。

どれほどあるかしら、と思いますね。一食一食、ほんとうに考えて食べないと。そう思うと手間がかかるけれど食事づくりはとっても大事なこと。そして好きなことでもあるからやってこれたのね」

体にいい素材選びはそのころから今に至り、

「できるだけ自然のもので、いいなと思ったら実際に自分で使って試してみます。お店で見つけたり、娘から聞いたりしたものを。それで、これならば、というものが見つかれば、それを使い続けているわね」

しゅういちさんも、作り手の顔が見えるものがいいなどと英子さんに話すそうで、鰹節の取り寄せ先などはしゅういちさんのアドバイスあってのセレクトです。

塩抜きの食生活を始めた今の暮らしのなかでも、長年培われた選択眼が、正しいもの、おいしいものを見つける羅針盤となっているようです。

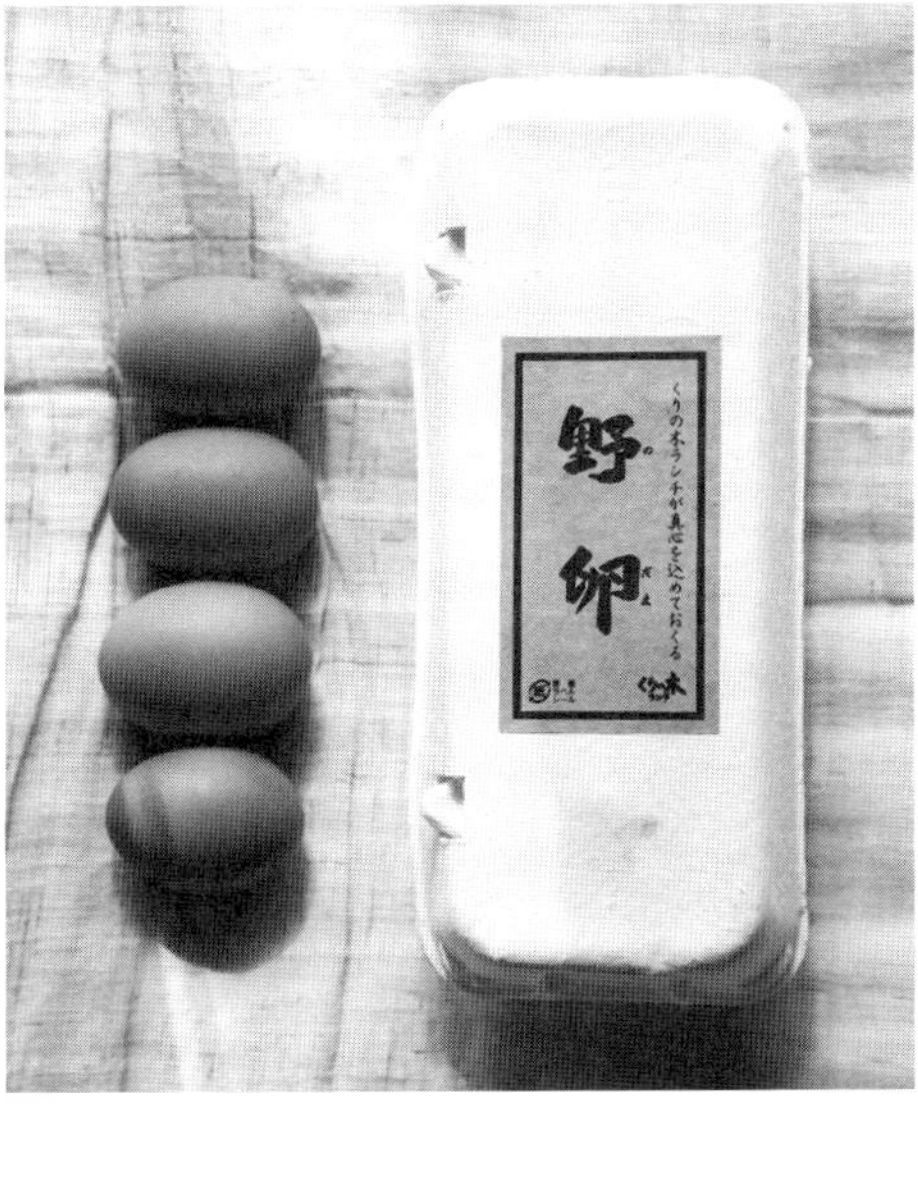

1

2 | 3 | 4

5

1 鰹節削り節と帆立の貝柱

しゅういちさんが削る鰹節以外は、削り節を送ってもらいます。1か月で約5本分を使う計算。帆立の貝柱はいつでも使えるよう、乾物を冷凍保存。出汁で使った貝柱はもったいないので、最後は炊き込みごはんに混ぜていただきます。

2 パン粉

国内有機栽培の小麦粉を使った、天然酵母のパン粉。コロッケなどの揚げ物が、風味豊かに、カラリと揚がります。

3 ミネラルウォーター

しゅういちさんが体調を崩してから、料理やお茶に使う水を「龍泉洞の水」に。「水をかえてから体調がいい。お小水もよく出るようになって」

4 マヨネーズ

「マヨネーズをあまり好きではないはなこが、おばあちゃま、これはおいしいって」。お孫さんのために用意する「松田のマヨネーズ」。

5 卵

平飼いの野卵を、近所の酒屋さんに配達してもらいます。「ちょっと高いけれど、昔からここで。マーケットのは買ったことがないから味は比べられないのだけれど」

炒って冷ましたハブ茶を、しゅういちさんが小分け袋にていねいに詰めて。はなこさんへの荷物に入れたり、来客の手みやげにしたり。

1ℓほどのポットに小さじ1杯のハブ茶を入れ、さらに沸騰させてじっくり煮出す。こんなに少しで？　と思うくらいの量でしっかりとした味わいが出る。

ハブ茶と麦茶

高蔵寺に家を建ててからしばらくは、しゅういちさんの仕事の都合で、広島で暮らす時期がありました。そのため、不在がちでもなんとか育つ〝綿〟を植え、英子さんの今につながる畑づくりが始まりました。綿のあとにはハブソウを植え、その種を収穫。次の年の分の種を残し、あとは炒ってハブ茶にしました。

「そんなサイクルがもう30年くらいになるかしら。私は冷たい飲み物がダメだから、暑い時期は常温で、秋以降はずっと温かいものを飲んでいます」

麦茶も畑の恵みから。毎年孫のはなこさんに、必要な分だけ少しずつ炒って送ります。

「せっかくだから、おばあちゃんが作った安全安心なものを飲んでもらいたいですものね」

これまでずっと
健康でいられたのも
ハブ茶のおかげかしら

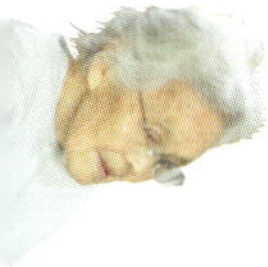

ハブ茶を炒ります

1 中華鍋にハブソウの種を入れ、弱火でじっくり炒っていきます。全体に火がまわるように手を休めず混ぜ続けて。

2 次第に、パチパチとごまがはぜるような音がしてきます。茶色く色づいたら、火を止めて。ハブ茶のできあがり。

"ハブ茶"の花

ハブソウのかわいい黄色い花。このあとの種が、ハブ茶になります。

麦茶を作ります

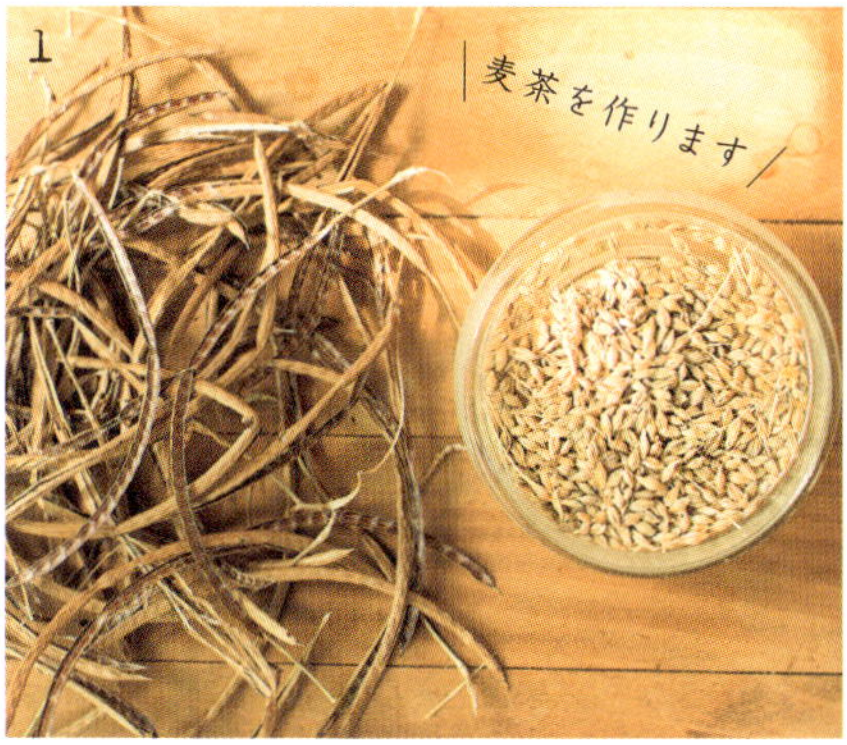

1 大麦は少し早めに収穫して乾燥。黄色くなったものを脱穀し、鉄鍋や中華鍋で炒ります。

2 焦げないように、手を止めずにしっかり混ぜ続けて。「夏はもう汗だくになるわね（笑）」

3 ハブ茶よりもじっくり炒って香ばしく。薄茶色が濃いめの焦げ茶色になるくらいまで、しっかり炒って仕上げます。

季節の味を貯める知恵

春夏秋冬、つばた家の畑で収穫される数多くの果実。とてもいっぺんには食べられませんから、保存したり加工したり、工夫を重ねて最後までおいしくいただきます。みんなが待ちわびる、季節の味です。

［夏みかん］

夏みかんのピール

夏みかんの皮をむき、皮を細く切る。水を張った土鍋に入れ、沸騰するまで煮る。一晩流水で苦味を抜き、また水をかえて沸騰するまで煮、半日くらい天日に干し、小分けにして冷凍する。砂糖をまぶすのは食べる直前に。グラニュー糖と凍ったままの夏みかんのピールを瓶や密閉容器に入れてふたをし、上下左右に振って砂糖をまぶす。「いつもの料理のときは甜菜糖だけれど、ピールにまぶすのはグラニュー糖。普通のお砂糖だとベタッとしちゃってダメなの」

上下に激しく揺する

まだ甘くないと思うのよ。早いんじゃないかしら

しゅういちさんが木にハシゴをかけ、熟した夏みかんを下に放り投げる。ボトボトと落ちてくる実を、英子さんが上手に拾い上げてかごに盛っていきます。適当に投げているように見えるのに、絶対当たったりしない。息がぴったり、収穫の名コンビ。

小さいものはピールやマーマレード用。大きいものはそのまま食べられるように木の上で熟すのを待ってからいただきます。

［パイナップル］

毎年、沖縄・石垣島から6〜10個ほど取り寄せている、無農薬のパイナップル。小ぶりでさっぱり味なのが気に入っていると英子さん。そのまま食べることは少なく、まずは扇形にカットしてから干して、お菓子用に。残った分はジャムにしたり、ビネガーに漬けたりして、季節の味をしっかり使い切ります。

＼干して使う／

カットしたパイナップルは、天気のいい日に、干し野菜用の3段かごいっぱいに並べて。甘みがぎゅっと凝縮された、乾燥パインのできあがり。

パイナップルの
アップサイドダウンケーキ

タルトタタンのように、焼き型の底に干したパイナップルを敷いて焼くケーキ。干したパイナップルの凝縮された甘みと酸味のバランスが、クセになるおいしさ。

作り方▶154ページ

バター炒め
パイナップルのケーキ

アップサイドダウンを四角い型で作ってみました。違いは、バターで炒めたパイナップルを使ったこと。干したものよりしっとりしているけれど、味は同じくらい濃厚。

今日はね、
干した
パイナップルが
なかったから
バターで
炒めたのよ

クリスマスのフルーツケーキ

年末近くなると、毎年お世話になった方に、その年に採れたものを送っています。栗、かぼす、梅…。その中に忍ばせるのがこのケーキ。ドライフルーツたっぷりで、「待ってくださっている方も多いんですよ」。

作り方▶155ページ

ラズベリーといちごのジャム

「昨年ラズベリーがたくさん採れたので、赤ワインビネガーに漬けてみたの。ずっと漬けておくわけではなくて、1か月くらいで取り出すのだけれど、味に深みが増して、とても風味が出るのよ」。これを冷凍しておき、いちごの収穫を終えた初夏の時間のあるときに砂糖を加えて煮込み、ジャムにします。旬の時期がずれたフルーツミックスも、こんな工夫で楽しみます。

［フルーツジャム］

フルーツをそのままいただいているようなコクが魅力の、英子さんのジャム。季節ごとの実りを瓶に詰めて、孫のはなこさんやお世話になった方々に送ります。

春はいちご、初夏はさくらんぼ、夏はラズベリー&さくらんぼや夏みかん…。次々と熟していくので、英子さんはこの時期、休む間もありません。

「これが終わったら今度は梅でしょ。ほんとうにもたもたしていられないのよね（笑）」

花のあとは、大粒の実が枝いっぱいに。花に実、紅葉と、季節を通して愉しみを与えてくれる、つばた家のさくらんぼの木。

さくらんぼのジャム

「いちばん大変なのは種とりね」。5月の下旬は、さくらんぼの収穫時期。採りきれないほどたくさんのさくらんぼの収穫が終わったら、今度は間をあけずにふたりで一粒一粒種を取り除いていきます。「手間をかけた分だけ、やっぱりおいしいからね。がんばらないと」と英子さん。種を取り除いたつやつやの宝石のようなさくらんぼ。土鍋に入れて砂糖を加え、水など加えずコトコト煮てジャムに仕上げます。

できあがったジャムは空き瓶に詰めて。ひとつひとつしゅういちさんお手製のラベルを貼って、中身がひと目でわかるように。

「梅」

ジャム作りと並行してとりかかるのが梅仕事。特に梅干しは、お天気とも相談しなくてはいけません。晴れの日が続くようならそこがチャンスです。

「しゅういちさんは塩抜き生活だから食べられないけれど、待っていてくださる方がいるからね」

梅干し

黄色く熟した実を収穫してヘタをとり、塩漬け（梅の量の８％）にする。赤じそを塩でもんでしっかりアクを出して捨て、塩漬けにして出てきた梅の汁と合わせる。土用干しまでの間、カビないように毎日ひっくり返す。晴れの日が３日以上続きそうな日に、大きな平ざるに梅と赤じそを分けて広げ、三日三晩干す。「赤じそは、カリカリに干して、ほぐしてゆかりにしてもおいしいわよ」

梅干しの甘煮

おやつやちょっとした箸休めに、ほっとする味わい。梅干しの塩を抜いてから甜菜糖で煮ているので、しゅういちさんのおかずにもちょうどいい。口の中がさっぱりする少しの酸味があとをひきます。

小梅の醤油漬け

小梅を一晩水にさらしてアク抜きをし、煮沸した瓶いっぱいに詰める。だし醤油をその上から注ぎ入れる。きっちりふたを閉め、冷蔵庫で寝かせる。１年後くらいからおいしくいただけます。「梅のエキスが溶け込んだだししょうゆがおいしいの。魚料理に重宝するわね」

毎年たわわに実る、つばた家の栗。「自然に落ちてくるまで熟すのを待つのよ」

つばた家には、種類の違う２本の栗の木があります。最初は細い苗でしたが、今はたくさんの実をつける大きな木になりました。

収穫したてはまだあまり甘くないという英子さん。まずは袋に入れて冷蔵庫で寝かせておくのだそうです。「栗仕事は一気にやると疲れちゃうでしょ。だから根を詰めすぎず、ほどほどにね（笑）」

利休饅頭

1 鍋に黒砂糖65gと水大さじ２を入れて煮溶かし、こす。**2** 薄力粉100gをボウルにふるい入れ、水小さじ⅓に重曹小さじ⅓を溶かして薄力粉に混ぜる。**3** １と２を混ぜ、なめらかになったら生地を少し休ませる。生地とこしあん150gをそれぞれ10個ずつに分け、生地であんを包む。**4** 13分ほど蒸したらできあがり。

栗きんとん

「栗をゆでて中身をスプーンでかき出して冷凍しておくの。そうすればいつでも食べられるでしょ」と英子さん。

冷凍栗に和三盆をまぶしてせいろで蒸し、一晩置いてしっとりさせてから茶巾に絞って形作る。

「採れたての栗は和三盆だけでいいけれど、冷凍栗で水分が足りないときは、水あめを少し足すとしっとりするわよ」

秋の終わりには、黄色く色づいた柚子がたくさん実ります。ふたりで力を合わせて、ひとつひとつ熟した実を選びとるのも毎年のこと。つばた家の収穫物はどれも無農薬。だから柚子も皮まで安心して食べられるのがいいところ。ピールやゆべしを作ったり、はちみつ漬けにしたり。果肉も一緒に煮てジャムにする作業も欠かせません。

柚子ピール

夏は夏みかん、冬は柚子でピールを作ります。「お茶の時間にちょっとつまむのがおいしいのね。うちで作ったものは無農薬で、皮まで安心して食べられるから」。作り方は37ページの夏みかんのピールと同じ手順で。

柚子のはちみつ漬け

柚子を薄切りにし、煮沸した瓶に詰め、はちみつを注ぐ。はちみつがサラサラとしてきたら使いごろ。お菓子に入れたり、寒天の甘みづけに使ったり。「はちみつがなくなったら、またこの上に足していくと使えるわ」

収穫したばかりの食べごろの柚子。小ぶりの花柚子は、中身をくりぬいてゆべしに。

使い込んだ道具がいい

家の広さに比較すると、少々コンパクトな英子さんの台所。それなのに、おいしいごちそうが次々と生み出されるのは、いくつもの強い味方がいるからです。土鍋も鉄のフライパンも、それはもう長い長いおつきあい。

「便利な道具はいっぱいあるんでしょうけどね。やっぱり使い慣れたものが一番なの。娘は『おかあさん、キッチンが狭くて大変ね』って言うんだけど、本当に大変なことなんて、そんなにないのよ。何とかなっちゃうものなのよ」

土鍋

煮物にジャム作りに炊飯用に。「ほんとは何でも土鍋で料理したいくらいなのよ」というほど、毎日土鍋を愛用しています。「佃煮作りは何日もかけて火にかけたりおろしたりするから、じっくりと火が通る土鍋が一番なの」。手持ちの土鍋は4つですが、おかずの種類が増えた今では、「もっと数が欲しいわねぇ」と茶目っけたっぷりに微笑む英子さんなのでした。

鉄のフライパン

ごまや田作りを炒ったり、ホットケーキ焼くのは鉄のフライパン。「熱がすぐに全体に行き渡るから、卵焼きもふわっと仕上がるのよ」

ステンレスの鍋

直径18㎝くらいのサイズが小ぶりで使いやすい。「娘が選んでくれたのだけれど、軽くて扱いやすいの。プリンのキャラメルを作るときにも使うわね」

ミニ蒸籠

シュウマイをふかしたり、お饅頭を蒸し上げるのに、ふたり暮らしだとこのミニサイズがちょうどいい。鍋がセットになった直径15㎝。

わらびもち

わらびもち粉、砂糖、水を鍋に入れて中火にかけ、透明になるまで混ぜながら煮る。型に流し入れて冷やし固める。冷えたらスプーンですくってボウルに入れ、きな粉をまぶす。「あら、あんまり冷えてなかった。昨日の夜に作っておけばよかったわ。まあしょうがない」と笑う英子さん。

みたらしだんご

もち粉に水を加え、耳たぶくらいのやわらかさにこねる。適当な大きさに丸め、沸騰したお湯の中に入れる。浮き上がってきたら冷水にとり、水気を切る。竹串に5個ずつ刺して網で焼く。しょうゆ、だし、砂糖を合わせて火にかけ、砂糖が溶けたら、焼いた串だんごに塗る。

フルーツ寒天

寒天を水で戻し、火にかけて溶かす。型に入れて冷やし固める。鍋に砂糖と水を入れて溶かし、ラム酒を少し入れて甘みつを作って冷ましておく。寒天が固まったら四角く切り分け、畑のいちご、桃缶（シロップも一緒に加える）、バナナなど好みのフルーツを切って合わせる。器に盛り、甘みつをかけ、和三盆をパラリと。

物持ちがいいでしょ〜（笑）。
娘が子どものころに
使っていたお弁当箱よ

わらびもちや寒天を冷やし固めるのは昔から使っていたアルミのお弁当箱。仕上がりの厚みがちょうどよく、ふたもあるので便利。アルミなので固まるのが早いのもうれしい。

簡単おやつとおもてなし

おもてなしのプロともいえる英子さんは、急な来客にもあわてません。まるで手品師のように、「こんなものしかないけれど」と笑いながら、おいしいおやつをさっとテーブルに出すのです。

それができるのも、わらびもち粉やもち粉、寒天などおやつの素を常備しているから。「買ってきたものじゃなくて、やっぱりうちで作ったものを食べてほしいじゃない」という英子さんの心遣いが、急ごしらえのおやつをぐんと素敵なものに仕上げるのでしょう。

盛りつけ方、器の選び方…。全部がうまく調和して、簡単なのに心のこもったおやつができあがります。

なんでも自分流

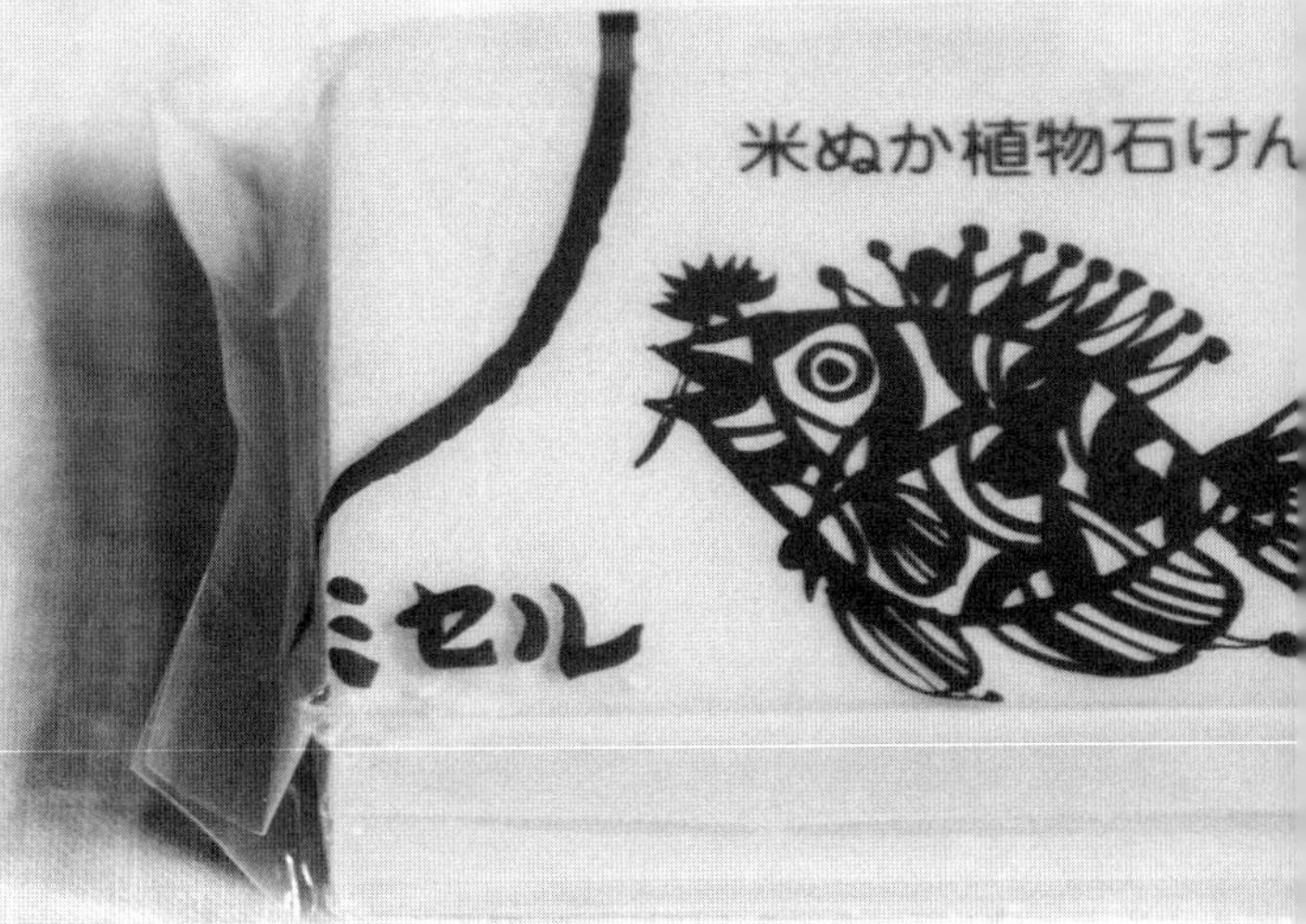

英子さん愛用の米ぬか石けん。「体にも洗濯にも、食器洗いにも使えるんですって。何でも試してみないとね」

食器は固形石けんで洗う

食べ終わったあとの食器は、洗い桶につけて、下洗いをし、米ぬかの固形石けんを泡立てて洗います。「肌にも自然にもやさしいそうだから、安心して使えるわね」

こぢんまりとしたキッチンには、食器を洗い上げて乾かす場所がありません。洗い終わった食器は、ふきんで水気を拭き取り、リビングの窓際に。少したってから、食器棚にしまいます。

作って片づけて60年

作って、食べて、片づけて、また作って…。この連続で60年やってきたから、今これだけできるようになったのだと英子さんはいいます。

「最初はほーんとに何にもできなかったのよ。私の母は49歳で亡くなってしまっていたので、結婚したときは義理の母に助けられながら、いろいろやってみたわね。そしてしゅういちさんは、私が考えてやってみることはいつだって、それはいいことだって褒めてくれて。それで自信をつけながら、やってこれたのよ」

家の中のことはちょっと工夫したり、実際に作ってみると、なんとなく次が見えてきます。

「とにかく手を動かし続けることが大事ね」

＼錦糸卵です／

油をひいた鉄のフライパンをアツアツにして、溶き卵をジューッと流し入れる。英子さんの料理はいつも繊細かつ豪快。それがおいしい！

娘には「お母さん、やだ、その焼き方大ざっぱ（笑）」って

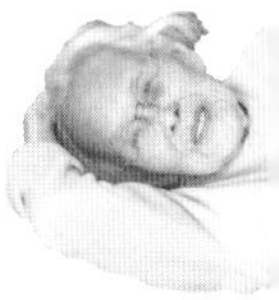

習うよりも舌で覚える

「まずは食べてみて、自分や家族がおいしいと思うかどうか。料理は習うより、自分の舌で繰り返し感じることが大切だと思うの」

たとえ最初は料理の本を参考にしても、そこからどんどん好みの味にアレンジしていくのが英子さん流。調味料の量を加減したり、みりんをメープルシロップにかえてみたり、混ぜる具材をかえたり。そんなさまざまなチャレンジが、いつの間にかすべて英子さんのオリジナルの味を作っていきます。

「17歳のころまで母が作ってくれた食事の味が、私の舌の基本になっているのでしょうね。幼いころに食べたものの記憶って忘れられないものなのよ」

結婚当初から、しゅういちさんは英子さんが作った

公園の緑が逆光で
キラキラしているでしょ
なんか
電気がついてる
みたいだねぇ

料理を黙々と食べてくれました。

「ただ、あんまりおいしくなかったんだと思うのよ。自分でもおいしくないなぁって思いながら食べてたから（笑）。でも主人は、文句も言わずに食べてくれて。ありがたかったわね」

そんなころを経て、英子さんの〝おいしい味〟への試行錯誤は、子どもが生まれ育ち、巣立ち、また夫婦ふたりになり、孫が生まれ…といった人生のサイクルの中で、とどまることなく、今も続けられています。

「だから結局、私の味はいつも目分量なのよ。適当なの」。そう言って笑いながらキッチンに立つ英子さん。主婦歴60年で培った目分量も、英子さん流の立派な基準です。

さて、今日は、明日は、どんなおいしいものがいただけるのでしょうか。

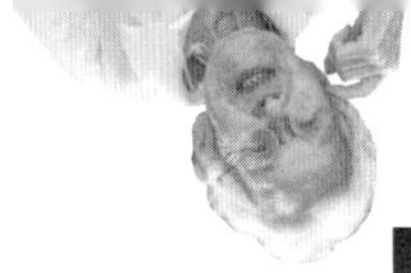

煮ては冷まし、
煮ては冷まし。
一気に煮ないで
徐々に味を含ませるの

ひとつひとつの材料をそれぞれ土鍋で炊き上げて、最後におでんの出汁で合わせる。それぞれの素材の味が最後にひとつにまとまるのも土鍋のおかげ。

時間がおいしいをつくる

英子さんの料理は、素材の味を生かし、引き出すために、出汁をとったり、じっくり煮込んだりと、下ごしらえに手間と時間がかかります。

「食べたいタイミングでおいしく食べられるように、いろいろと準備をしておくことが大切ね」

これこそが英子さんの日々の料理の源ともいえる作業。そしてその手間を厭わないのが英子さん流なのでしょう。

下ごしらえして一晩寝かせるのは、もはや当たり前。そのほかにも

・煮豆用の黒豆や山くらげは、水につけて戻すのに二晩ほど。1日に1度は水をかえて。

無農薬レモンのはちみつ漬け、らっきょう、梅の醤油漬け。どれも作りたてより、じっくり味をなじませた数か月～1年後が食べごろ。

「たけのこだけは冷凍できないの。だから掘りたてをすぐゆでないと」と英子さん。土鍋に水を張り、皮つきのままの半分に切ったたけのこと米ぬかを加え、30分ほどゆでて一晩置く。それをおでんに入れたり、混ぜごはんにしたり、炊き合わせにしたり。もちろん使い切ります。

・粕漬けは魚を漬けてから、2～3日置く。
・ドミグラスソースは、野菜が溶けるまで煮込み、新しい野菜を加えてさらに煮込んでできたビーフシチューを、なめらかにこして完成するという、気の遠くなるような下ごしらえです。

保存食にはもっともっと時間を費やします。
・はちみつ漬けは1週間以上はそのままに。そこからも継ぎ足し、継ぎ足しして。
・らっきょうや梅に関しては、半年から1年がかり。さらに置くことで、もっとおいしくなります。

そんな具合ですから、調理が終わっても、仕上げはまだ終わりではありません。何にもしない時間こそが、おいしさを引き出す最後の決め手になるのです。

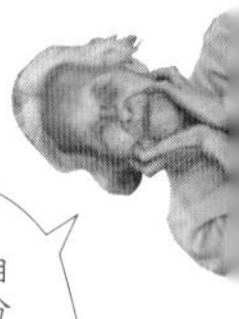
自分の歯があると
やっかいねー、
痛くなっちゃって

一口サイズに
切りました

少しずつたくさんの種類を食べられるよう、しゅういちさんのお皿に、英子さんが取り分けます。大きなものは一口サイズにする気配りも万全。

「いつも台所にいますからね。合間合間にやっているの。一度にまとめて作業するわけじゃないから、苦にならないのよ」

そして、英子さんの味を支える最大のパートナーは、なんといっても土鍋です。煮物、佃煮、ジャム、炊飯…。使わない日はほとんどありません。火のあたりがやわらかく、何でもふっくらと炊き上がるのが土鍋のいいところなのだと言います。

なかでも冷めるときに味がしみ込んでいく煮物は、ゆっくりと温度の下がっていく土鍋との相性が抜群。ステンレスの鍋などでは、どうもうまくいきません。佃煮も、何日もかけて火にかけたりおろしたりするので、味をじっくりしみ込ませるのに土鍋が一番だし、何より安心なのです。

フルーツを切るなどに使うミニナイフ。長年研ぎながら使い込んできたら、こんなに小さくなってしまいました。

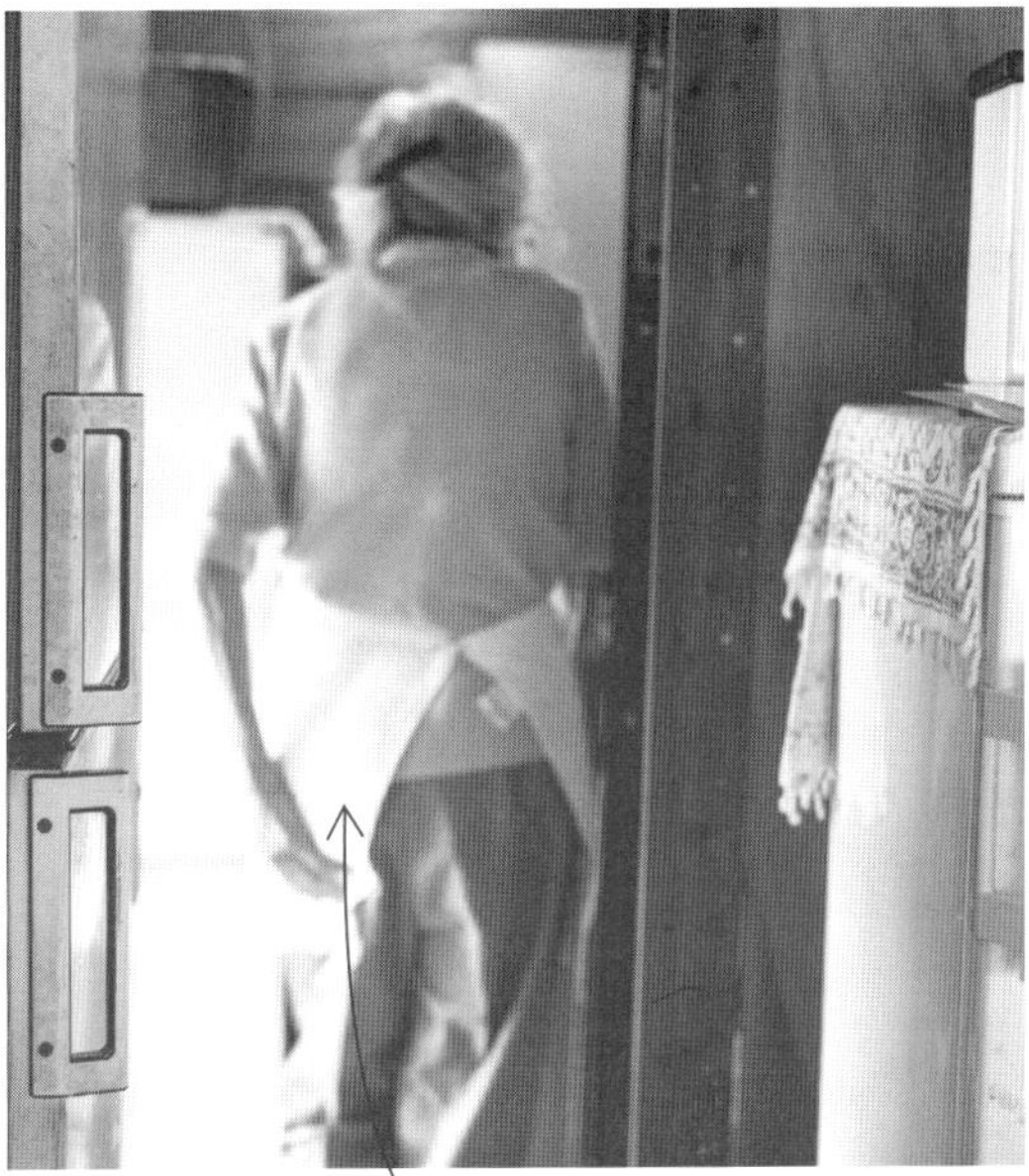

腰にくるりとタオルを巻いて、安全ピンで留めただけのエプロン。「大したものじゃないのよ。さっと手が拭けて便利でしょ」。いつだってマイペースに自分流を貫く英子さん。

フェイスタオルを
エプロンにしています

電子レンジはないけれど、じゃがいもはせいろでゆっくり蒸せばいい。

圧力鍋はないけれど、角煮は土鍋でじっくり煮ればいい。

切り干し大根だって、じっくり干せばうまみたっぷりにできあがる。

「畑仕事も、種をまいて、水やりをして、芽が出て、水やりをして…と、収穫するまでには時間がかかるもの。その恵みを、ていねいに料理して、おいしくいただかないとね」

畑も料理も、気長に、気長に。じっくりと向き合って。これが変わらぬ英子さん流。

引き出し式が使いやすい、エレクトロラックス社の冷凍庫。「冷蔵庫も新しくしたいんだけれど、なかなかお高くてね（笑）」

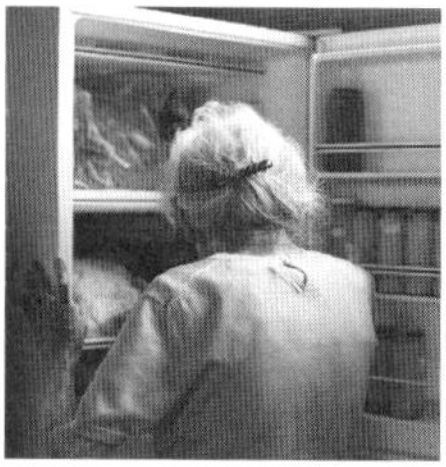

はなこさんに送る用のタンシチュー。「温めたらすぐ食べられるように完成させて送るのよ。今年はまだ送れていないから、楽しみに待っていてくれるんじゃないかしら」

何でも冷凍ストック

つばた家には現在、全部で大小6台の冷蔵庫があります。普段使い、冷凍専用など、1か所に固めず、キッチン、リビング、農作業小屋などに置いています。

三度の食事は毎日だけれど、しょっちゅう買い物に行けるわけではないので、頼んであった食材（約2か月分！）が家に届くと、まずは小分けにして冷凍します。畑の実りも旬のうちに収穫して、次から次へと下処理をして冷凍。ある一定の期間で大量にストックしたいものができてしまうので、どうしてもこれだけの容量が必要になるというわけです。

「おかげで突然のお客さまにも、何かしらお出しすることができるし、おみやげにお渡しすることもできる。うちの暮らしに冷凍庫は欠かせないんですよ」

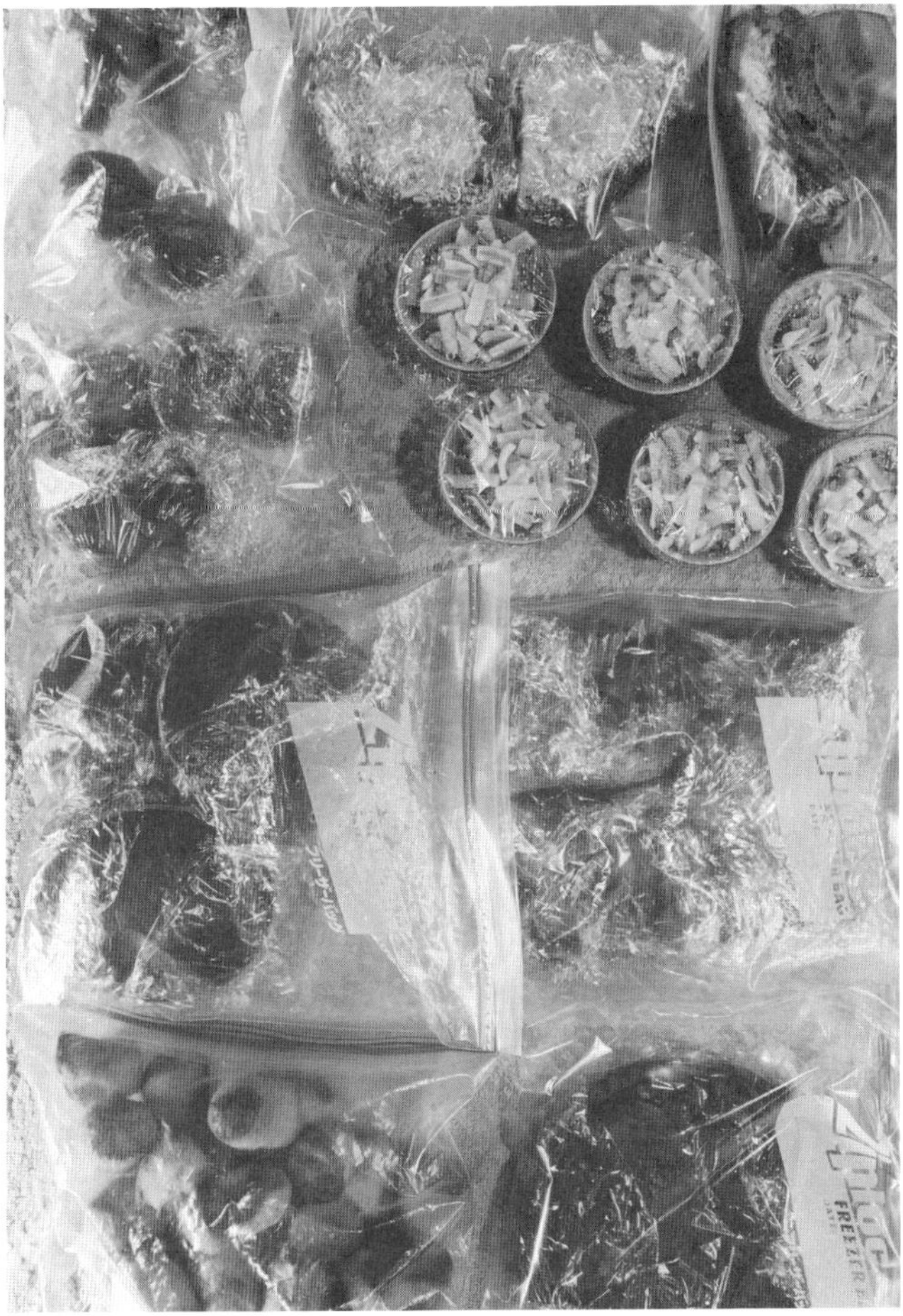

冷凍いろいろ

食材や野菜以外にも、スコーンやホットケーキ、おまんじゅうなどのおやつ、オーブンで焼くだけにしたミニグラタンなど、温めればすぐにおいしくいただけるものも冷凍ストック。

「野菜はせん切りや、薄くスライスにして干し、それから冷凍させるとおいしくなるの。私は何でも冷凍してしまうけれど、こんにゃくとたけのこだけはダメね。どうやってもスカスカになっちゃう」

「ドミグラスソース」

タンシチューやビーフシチュー（作り方90ページ）は多めに作り、はなこさんに送ったあとに残った分は、こしてドミグラスソース（英子さんいわく〝ドビ〟）にしておきます。コロッケに添えたり、グラタンに加えたり、洋食に広く使いまわせる万能ソース。手作りならではのまろやかで深い味わい。「缶詰とかは使ったことがないわねぇ」。小分けに冷凍しておくと便利なのだそうです。

「ホワイトソース」

グラタンやビーフシチューに使います。「牛乳がたくさんあるときに、いっぺんに作って小分けにして冷凍しておくの」

鍋にバター75gを溶かし、小麦粉75gを入れて焦げないように混ぜる。牛乳500ccを少しずつ入れてダマにならないように混ぜ、ふつふつしてきたら火を止めて、できあがり。

冷凍保存してあった〝ドビ〟を火にかけて解凍。「今日はコロッケのソースに使いましょうね」

瓶に冷凍保存していたものは、湯せんにかけて。「電子レンジがなくてもなんとかなっちゃうのよ」

［落花生のドレッシング］

「サラダに合わせたり、おひたしを和えたり。落花生は風味が出るから、あると重宝するの。食感もいいしね」

ごまと落花生を炒り、すり鉢でする。出汁とあごだしを混ぜて好みの濃さにして、すったごまと落花生に加えて混ぜる。

［ピザソース］

「トマトがたくさんできたときに、そのうちの小さいのを10個くらい使って作るのよ」

オリーブオイル100ccと小さめのトマト10個（乱切りにする）、玉ねぎ3〜4個（薄くスライスする）を土鍋に入れて火にかけ、トマトがやわらかくなるまで煮る。甜菜糖少しと、塩、こしょうを加えて混ぜる。最後にパセリをぱらり。

「料理が薄味だから、お好みでかけてね」。ガラスのジャーにソースとドレッシングを入れてテーブルへ。

グラタンやラザーニャなどのオーブン料理には、いろいろな味のお手製のソース類が大活躍。

毎朝少しずつだけれど、旬の野菜や小魚と、好きなもの２〜３種類を合計10種類ほど用意。これにおかゆを添えたら、いつもの朝ごはん。

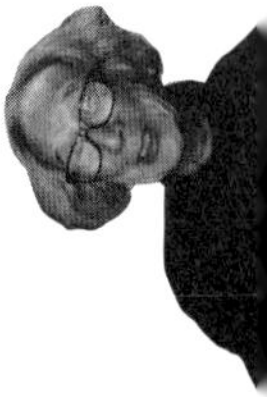

しゅういちさんの朝ごはん

どんなに塩抜き生活をしていても、食事の時間が待ち遠しくなるように、英子さんは献立をさまざまに考えます。

「量をたくさんは食べられなくなってしまったけれど、品数は多く食べてもらいたくて。そうすれば、薄味でもいろいろな味が口の中で混ざって、なんとかおいしくいただけるでしょ」と朝ごはんには10種類ほどのおかずを用意。毎日飽きないように、組み合わせを考えていきます。

お昼はお雑煮。３時におやつ、夕食にはお魚をフライにしたり、焼いたり、お肉料理にしたり。

「夜はいつもしゅういちさんに食べたいものを聞いて、食べたいというものを作ります。カレーやシチュ

日曜日の小豆粥

1週間の区切りがつくように、日曜日は好物の小豆粥に。「毎日同じだと1週間がどうしても単調になってしまうでしょ。だからおかゆも楽しみな日を作ってるの」

24時のサンドイッチ

1日に約2000ccの水分をとらなくてはいけないしゅういちさん。水やお茶だけではなかなか飲みきれないので、何かつまむもの用意します。夜中の12時に水分をとるときは、決まって5㎝角のサンドイッチをお供に。「ゆでたじゃがいもやにんじんをはさんでトーストした簡単なものなのよ」

ーも好きなのですが、塩抜きなので、ほとんどがトマト味かカレー味ですけれど。一日トータルで食事が〝虹色〟になるように、バランスを大切にしています」

［ある1週間の朝ごはん］

○日曜日
小豆粥、うなぎ1切れ、笹かまぼこ3枚、大根おろし、酢ばす、きんぴら、ひじき、ほうれん草のごまと落花生和え、えびの春巻き、たたみいわし少々、めかぶ酢

○月曜日
白粥、うなぎ1切れ、大根もち1切れ、はすのごま炒め、きんぴら、おかひじき、ほうれん草のごまと落花生和え、白魚のオーブン焼き少々、めかぶ酢

○火曜日
白粥、うなぎ1切れ、えび入りシュウマイ、れんこんのカリカリ、きんぴら、ひじき、小松菜のごま和え、お豆腐、

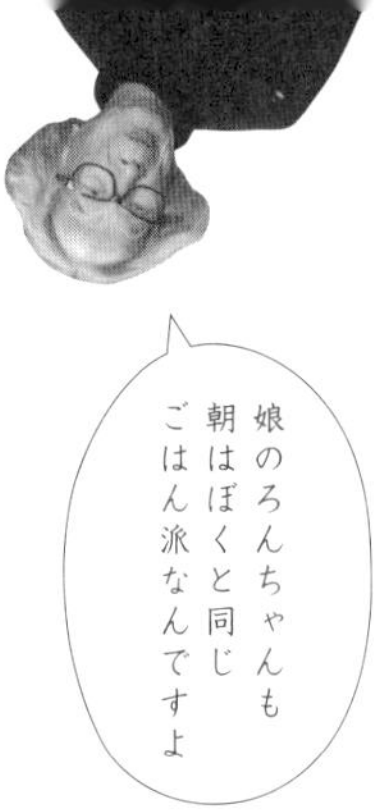
娘のろんちゃんも
朝はぼくと同じ
ごはん派なんですよ

英子さんはパン派

「昔からしゅういちさんはごはん派で、私はパン派だったの。それぞれにおいしく食べたいから、献立は別々でもかまわないでしょって思って。だからジャムもうちでは私しか食べないのよ」

つる豆の卵とじ、めかぶ、しらす（塩出し）

○水曜日

白粥、うなぎ1切れ、野菜の蒸し餃子1個、きんぴら、ひじき、山くらげ、サラダ（卵、わかめ、笹かまぼこ半分、アスパラ）、白魚のオーブン焼き

○木曜日

青豆入り粥、うなぎ1切れ、えびの春巻き、めかぶ、横浜のシュウマイ1個、きんぴら、ひじき（牛肉入り）、しらす、大根もち、はすの煮つけ、白魚のオーブン焼き、ほうれん草のごまと落花生和え

○金曜日

白粥、うなぎ1切れ、かにの蒸し餃子1個、えびの湯葉巻き揚げ、きんぴら、ひじき、酢ばす、めかぶ酢

○土曜日

白粥、ベーコンエッグ、サラダ（じゃがいも、にんじん、グリーンピース、ゆで卵のマヨネーズ和え）、きんぴら、ひじき、酢ばす、白魚

パンも冷凍してあるので、野菜類をはさんでオーブントースターでカリッと焼くとちょうど食べごろに。「夜中だから、ひとつまみ食べるだけのことも多いのだけれど」

「土曜日の朝は、週に１度の卵料理の日にしているの」。ベーコンエッグのベーコンは、しゅういちさんが作る自家製。サラダにもゆで卵をプラスします。

キッチンガーデンに寄り添って

40年前に越してきたときから、英子さんの念願だったキッチンガーデンのある暮らし。試行錯誤しながら、今のスタイルに落ち着きました。来年が楽しみになるように「少しもの足りないくらいがちょうどいい」量の野菜を作ります。

畑1時間お昼寝2時間

草とり、土を耕したり、種まきをしたり…。日によって作業の内容は変わりますが、最近は、畑仕事は午前中の1時間くらいにしています。「水やりは1日に1回ね。午前中の残りの時間は、お菓子を作ったり、下ごしらえしたり、できるときに作り置きして」。お昼を食べたら、2時間ほどお昼寝。相変わらずのマイペースです。

春に向けて耕します

布をかけておかないと、ヒヨドリが食べるのね

何もなさそうに見えるけど、食べるもの結構あるのよねぇ

ミミズがたくさんいるわねぇ

こうして掘るのを百舌鳥《モズ》が待ってるのよ

＼収穫／

ごぼうはきんぴらに、キャベツの葉のやわらかいところはジュースに。ブロッコリーはゆでて冷凍。「使う分だけ収穫したらおしまい」

野ばら
ローコさんの別
おたのしみ！

畑の実り

「今年はとうもろこしが出ないねぇ。いちごが遅いね」と言いながら、畑を見てまわるしゅういちさんと英子さん。毎年同じように植えても、同じようには育たないのが、畑というもの。

「ああしたほうがよかったかしら？　次はこうしてみようって考えるのも楽しいの」

　毎日少しずつ収穫できるように、種まきの時期も少しずつずらして、いつでも実り豊かな畑に整えていきます。

薄紫色の花は、おたふく豆の花。採れた豆は、煮豆にするなどして、冷凍保存。

「わけぎは秋になったらまた植えようと思って、株を少し乾燥させているの」

「今年はすいかの苗を植えてみたの。立派なのができたわ～」と英子さん。苗を植え、花が咲き、間引きをし、実りの時まで長い時間がかかる畑の作物。手をかけただけ、大きな収穫物として帰ってきます。「畑も人と同じ。手入れをしないとね。ちゃんと育たないから」

しゅういちさんお手製のおなじみの黄色の名札に、これから植える野菜の名前がズラリ。「英子さん、種まきスタンバイOKです」と語りかけているようです。

絵を描き 色を塗り 名前を書く 愛着を持って ていねいに使う

ここにもまたしゅういちさんの日付を刻んだ文字が。壊れた箒を修繕した日のようです。

畑のトレードマークの黄色い札があちこちに。わかりやすく、統一感があり、ひとつひとつ眺めていくのも楽しくなります。
「どこに何を植えたか、花や実がなくても何の木か、ひと目でわかるといいですからね」としゅういちさん。

しゅういちさんお手製の木製パーツ。柱に打ちつけて、日よけ布用のひもを巻きつける。「ヨットの経験が生かされたね」とにっこり。

タイヘン！
迷子に
なりそう！

夏は草がぐんぐん伸びるので、スコップがすぐ行方不明に。ここでも柄の黄色が目印に。

壁際に整然と並べられた農具類。下の箱は、収穫したものの仮置き場所。

収穫物はこの一輪車でえっちらおっちら。「これがあると運搬がだいぶ楽ね」と英子さん。

使いやすいように作り替える

これみんな、うちの枝で作ったの。細く長くって英子さんに言われて

細いのがいいっていうんだけどなかなかないよ〜

しゅういちさんです

どうやら鉈の柄を作り替えるようです

「農具ももう何十年も使ってる。古いのよ」と英子さん。そこで柄の部分はしゅういちさんが枝をつけてリニューアル。英子さんのリクエストを受けて、せっせと手を動かします。トレードマークの黄色はカラーテープでぐるりと。

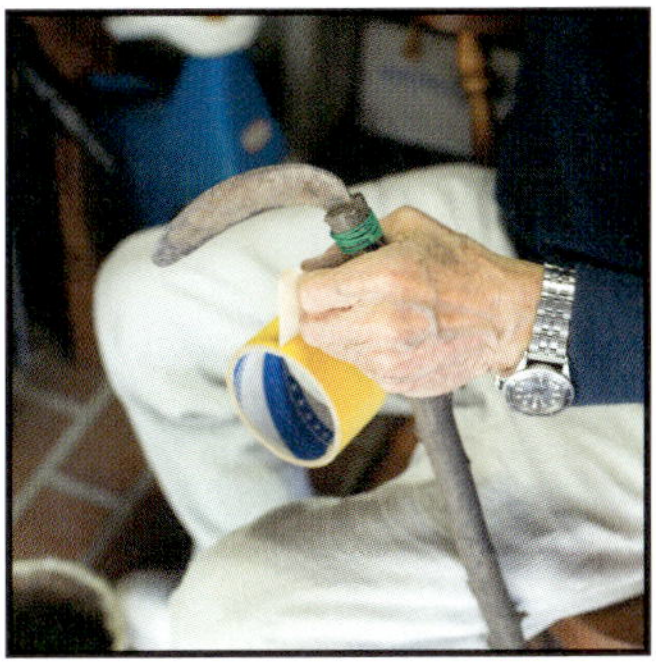

英子さん
厳しいからね〜、
自分の気に入った
道具でないと
使ってくれないんですよ

こんなふうに
英子さんの下働きを
やるわけですよ（笑）

雑木林からの恵み

春になると家の北側にある雑木林のあちこちから、たけのこが頭を出します。全部はとても食べ切れないので、竹としてそのまま残すか、食べるかをふたりで相談しながら、決めています。

「伸びた竹も5～6年で切って、柵を作るのに使ったりします」としゅういちさん。いろいろな形で役立ってくれる恵みの雑木林です。

2
3 | 4 | 5
1

1～5 鯉のぼりが空を泳ぐころ、ニョキニョキとたけのこが頭を出し始めます。あっという間に大きくなってしまうので、食べると決めたら、しゅういちさんが農作業小屋から鍬をとってきて、即掘り起こして。いちばんおいしい瞬間を逃さず、いただきます。

そろそろお茶にしましょうか

三時のおやつは、ほっとできる時間。しゅういちさんは、ビスケットかおせんべいにお茶を。おもてなしには、手作りのプリンやケーキなど、2〜3種類盛り合わせて。紅茶の香りを楽しみながら、のんびり過ごすひとときです。

3	1
4	2

1お湯は鉄瓶で沸かす。「お湯がまろやかな気がするの。鉄分もとれるしね」2湯呑みはかごに入れてセット。ホコリよけの布をかけて。3「はなこが来たときに喜ぶと思って」と買い揃えたジノリのカップ&ソーサー。4おもてなしの手作りお菓子は、数種類組み合わせるのが英子さん流。

はなこさんへ伝えたい味

英子さんが結婚以来60年間手間ひまかけて作り続けてきた味は、奥深くてなんともいえない力強さにあふれています。そんな英子さんの料理哲学と料理の作り方のコツをご紹介。

おでん

牛肉コロッケ

おでん

「肌寒くなったときには、土鍋おでんを作るの。たっぷり作るのがおいしいわね」

大根は厚めの輪切りにし、お米を入れてゆでる。じゃがいも、にんじん、里いもも大きめに切り、ゆでておく。具はお好みでいいが、この日はほかに、こんにゃく、えび、いか、ほたて、焼き揚げ、ごぼう巻き、ゆで卵など。こんにゃくは熱湯で湯通ししておく。

土鍋に具を入れて、おでんの出汁、酒、みりんを少々加えて煮る。火にかけては冷まし、火にかけては冷まし、を何度か繰り返して、出汁の味をしっかりと具にしみ込ませて。水分が減ってきたら、また出汁を足して煮ると、さらにうまみが凝縮されて、おいしくなる。

うちのお野菜がおいしいんだよ
えび、どっかいっちゃった
練り物はあとにして
そんなに食べられないよ

牛肉コロッケ

「しゅういちさんがずっと以前からコロッケが好きでね。塩抜きの生活になってからも食べられるように、塩なしのコロッケを揚げるようになったの。コクが出るように、お肉もミンチじゃなくて、すき焼き用の上等なものを使います」

じゃがいもは丸のままゆでて、皮をむき、つぶしてほくほく感を出す。牛肉、玉ねぎを炒めて、つぶしたじゃがいもと混ぜ、こしょうを少々。俵形に丸めて、小麦粉、卵、パン粉をつけ、菜種油でカラリと揚げる。

「油は菜種油がカラリとおいしく揚がるのよ。今日はたくさん揚げるから、油もたっぷり使うわね」

「はなこさんには、揚げたものを一度冷凍して送っているわね。本当は揚げたてがおいしいのだけれど、すぐ食べられるようにって」

東京のお好み焼き

野菜ピザ

ポテトサラダ

東京のお好み焼き

「お父さんのお好み焼きは昔から子どもたちにとても評判がよくてね」と英子さん。

「東京のは乾いたものを入れるでしょ。切りいかとか。でも名古屋のは関西風で生のキャベツとか入れるから、それだと妙な味になっちゃうの。具が乾物だとカラッとできるね」としゅういちさん。

薄力粉と強力粉を100gずつ合わせて、卵1個と水200ccを加えて混ぜる。鉄のフライパンに直径10cmくらいに丸く薄めにのばし、強めの火で焼く。その間に、塩抜きしたしらす、桜えび、焼いたアオサのり、鰹節、鯛のでんぶをのせ、裏面が焼けたらひっくり返して、少々焼く。表に返してソースを塗っていただく。

野菜ピザ

「紀ノ国屋さんのピザ生地の上に、そのときある、いろいろなものをのせて焼くの。牛肉や豚肉がメインの肉ピザのときもあるし、採れたての野菜いっぱいのピザのときも。その時々でいろいろね。トマトがあるときに作っておいたピザソースを塗って、溶けるチーズをのせて焼くだけだから簡単なのよ」

ピザ生地の上にオリーブオイルを塗り、

お好み焼きは仕上げに、お肉を焼くときに使う網で、炙ってカラリと焼き上げます。

ピザソースを重ねて塗る。牛肉と豚肉を炒め、じゃがいもを1㎝くらいの厚さに切って揚げ、ほたてをゆでておく。これらの具をピザ生地の上にバランスよく並べ、ピザソース、シュレッドチーズをのせる。180度に予熱したオーブンで、色がつくまで10分くらい焼く。

ポテトサラダ

「主人はじゃがいもが好きなんだけれど、実は私はそれほど好きじゃないのよ（笑）」と英子さん。しゅういちさんがおいしいと言ってくれるものなら、バランスよく、彩り豊かに作り上げます。

じゃがいも、にんじん、グリーンピースはよくゆでて水気を切り、好きな大きさに切る。

「しゅういちさんは歯を治しているから、小さめに切るわね」

ゆで卵を粗く切って加え、マヨネーズで和えたら完成。

「食べるときに、お好みでこしょうをかけてね」

具にはかにを混ぜたりすることもあるそう。そのときにあるものをおいしく、が英子さん流レシピです。

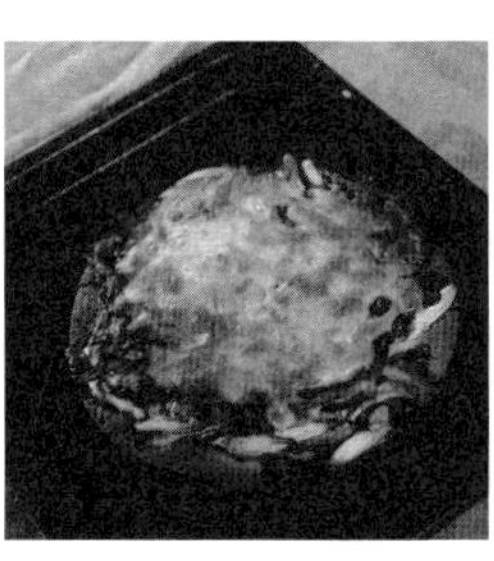

「ピザの具は、あらかじめ全部火を通したものだから、いい具合の焼き色がついたら、それでOKよ」

ビーフシチュー

ローストビーフ

ラザーニャ

ビーフシチュー

はなこさんがいつも心待ちにしているビーフシチュー。野菜のうまみがソースに溶け込んだ、それはそれは奥深い味わいなのです。

「とにかくじっくり煮込むのがいいのかしらね。野菜を形がなくなるまで煮込んで、それのスープをこして、また新たに野菜を入れて、それに味がしみ込むまでまた煮込んで。手間はかかるけれど、きっとそれが体にもいいのよ」

牛タンのいいものが手に入ったときは、牛肉のかわりに使うこともあるそうです。

牛肉1kgを1.5cmくらいの厚みに切って、鉄のフライパンで表面をこんがりとよく焼く。鍋に肉とトマトピューレ、トマトケチャップ、とんかつソースを入れ、ひたひたまで水を加えて煮込む。肉がやわらかくなったら、乱切りにしたじゃがいも、にんじん、薄くスライスした玉ねぎなどを加えてさらに煮込む。ホワイトソースを加えて野菜がやわらかくなるまで煮込んだら、肉を取り出して残りを裏ごし。肉を戻し、新しくじゃがいも、にんじん、玉ねぎを加えて再び煮込む。

「もしあれば、セロリなどの香味野菜を加えたり、鰹出汁を入れてもおいしいわよ」

弱火でじっくりコトコトと煮込むのが一番。「土鍋で煮ても、まろやかにおいしく仕上がりますよ」

ローストビーフ

「焼き時間は肉の大きさにもよりますが、私の場合は１８０度で30分くらい。あとは余熱でゆっくり熱を通します」

牛肉（ローストビーフ用）に塩、こしょう、オリーブオイル、バターの順に全体に塗り込み、ラップに包んで一晩寝かせる。１８０度に予熱したオーブンで、きつね色になるまでこんがりと焼く。

じゃがいもはゆでてマヨネーズで和え、にんじんはバターと甜菜糖を加えて甘めにゆでる。ほかに、ゆでておいた緑の野菜を加えて、薄くスライスしたローストビーフに添える。

ラザーニャ

「これは、結婚前におつとめをした進駐軍のハウスで覚えたレシピだと思うの。娘たちが小さいころによく作ったわ」

牛肉、玉ねぎ（薄切り）を炒め、トマトソースで煮込む。ラザーニャ用のパスタを袋の表示だけゆでておく。耐熱皿に牛肉と玉ねぎ、トマトソースの⅓を入れ、上にラザーニャ用のパスタを1枚のせ、ホワイトソース、牛肉と玉ねぎ、トマトソースの⅓を重ねる。同様に残りを重ね、溶けるチーズをのせて１８０度のオーブンで焼き上げる。チーズにきつね色の焼き色がついたらできあがり。

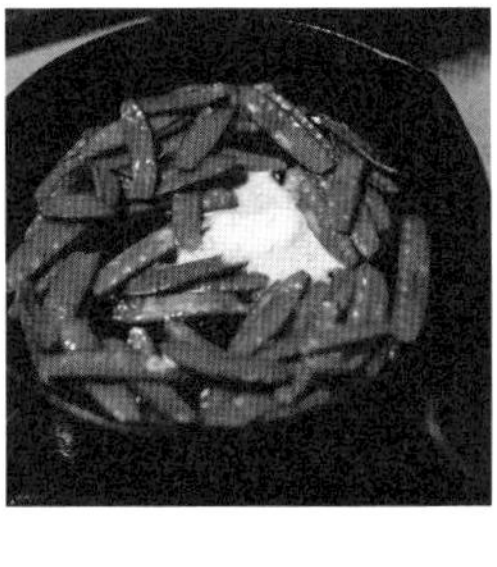

冷凍してあったさやえんどうは、解凍を兼ねてオリーブオイルと甜菜糖で味つけ。鉄のフライパンでさっと炒めて完成。

煮もの
ハモと野菜の煮もの

鯛の子と野菜の煮もの

豚の角煮

いかめし

ハモと野菜の煮もの

「ハモは主人は食べないんだけれど、今日は特別（笑）。実家の酒蔵には、京都からの職人さんが多かったので、幼いころからハモにはなじみがあったの。夏になると、食べたくなるもののひとつね」

たけのこは掘りたてを半分に切り、ぬかを入れてゆで、一晩そのまま置く。翌日、土鍋にたけのこを入れ、おでんの出汁でひたひたにし、あごだしを入れて味を見る。2日くらいずっと弱火にかけておく。水分が減ったら、出汁を足して。ゆでたいんげんと湯引きしたハモを入れて、味がしみ込んだらできあがり。

鯛の子と野菜の煮もの

「6月頃になると、ちょうど鯛の子が旬なので、手に入れるのを楽しみにしています。しゅういちさんが好きなので、毎年作っていますね」

鯛の子を鍋に入れ、みりん、酒、出汁、甜菜糖少々で煮る。煮崩れないように弱火で味を煮含める。たけのこは、ぬかを入れてゆでる。ふきもゆでる。たけのことふきを合わせてあごだしで煮、鯛の子を加えてさらに少々煮る。

豚の角煮

「たっぷりの出汁に加える調味料は、少し薄めかなと思うくらいがちょうどいいみたい。いつも必ず味見をして、自分の好みの濃さを確認しています」

豚バラ肉のかたまり1kgを3cm角に切って土鍋に入れる。たっぷりの出汁に、小梅の醤油漬け（43ページ）の中の小梅10粒くらい、しょうゆ、酒、みりんを加え混ぜ（ここで一度味見をする）、肉がかぶるくらいまで加えて、弱火にかける。汁気がなくなるまで煮る。「肉がやわらかくなりすぎてほぐれてしまうといけません。そのころあいを見るのが大切。タイミングを見逃さないように」

いかめし

「うちのいかめしは小いかで作るから、いつでも作れるわけじゃないの。ちょうど手に入るタイミングだったら運がいいわね」

もち米1合、うるち米½合を合わせて研ぐ。小いかは、ワタと軟骨をとり、きれいに洗っておく。小いかの中に米を茶さじ2〜3杯分入れる。米がふくらむので、多く入れすぎないように注意して。小いかを土鍋にすき間なく並べ、だし、みりん、あごだしを加えて、弱火でゆっくり1時間ほど炊く。

温めるときはホーローのバットに入れて、せいろで蒸して。「いかが堅くならずにふっくらするの」

ちらし寿司

常備菜

ちらし寿司

「ちらし寿司は彩りがきれいで、いろんな味を混ぜて食べられるからいいの。たくさん作ったほうがおいしいから、大勢で食べるときに作ります。見た目にも豪華なごちそうね」

鍋ににんじん、ごぼう、しいたけ、揚げなどを入れ、ひたひたの出汁とあごだしで煮つける（1）。穴子（刻んでおく）も鯛のでんぶもたっぷりと用意（2）。炊きたてのごはんを飯台に移し、煮た野菜と揚げを煮汁ごと混ぜ合わせる（3）。上に、鯛のでんぶ（4）、穴子（5）、錦糸卵（6）、ゆでた菜の花や春菊（7）を、彩りよく散らす。

1

2

3

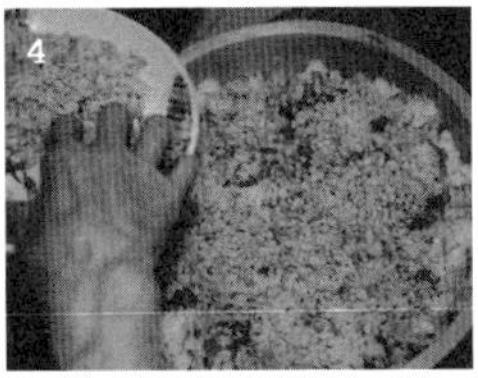
4

5

6

7

「そのときにある旬のものをバランスよく混ぜていただくの。穴子がハモにかわったり、菜の花がはすにかわったり。いつも同じような決まりきった材料じゃなくて、その時々で、おいしい素材を使って仕上げています」

常備菜

○出汁昆布の佃煮

羅臼昆布を1.5㎝角に切り、水でさっと洗う。鰹節だけでとった出汁に、貝柱、酒、みりんを入れて、土鍋でコトコト。1日1回沸騰させて置く、を1週間くらい繰り返し、昆布がやわらかくなったらできあがり。

○梅の甘煮

鍋に水と前の年に漬けた梅干しを入れて弱火にかけ、塩を抜く。梅に酸味が少し残る程度になったら、水をかえて甜菜糖を加え、土鍋でやわらかくなるまで煮る。

○酢ばす

れんこんを薄く切り、酢水につける。その酢水のままゆでて、少しやわらかくなったら甜菜糖を加え、味がつくまで煮る。味を見て、最後に少し酢を足す。

○黒豆煮

豆を二晩ほど水につけて戻す。1日に1回水をかえるが、それ以上かえすぎると、豆の黒が薄くなってしまうのでやりすぎないように。豆が戻ったら、やわらかくなるまで、アクをとりながら弱火で煮る。アクが出るうちはふたを開けたまま、出なくなったらふたをして。豆がやわらかくなるまで煮たら、みりん、酒、甜菜糖を少々入れて味つけを。汁のまま瓶に詰めて冷蔵庫で保存。

「丹波の黒豆だけは、煮ても豆の皮が破れないのよね」

牛肉のたたき

鰹のたたき

鶏のオーブン焼き

牛肉のたたき

「牛肉のタタキは５００ｇ単位のかたまり肉で作っています。私たちは中が少しピンクなくらいが好きですね」

フライパンを熱し、油などはひかずに牛肉のかたまりの全面を焼き色がつくまで焼く。そのまま置いて冷ます。次にたれを作る。出汁、しょうゆ、みりん、酒、酢を合わせて鍋に入れ、ひと煮立ちさせてから冷ましておく。たたきを薄切りにして皿に盛り、ゆでた空豆を添える。もしあれば、たたきの上に、ねぎ、しょうが、みょうが、しその葉など、折々に畑で採れるものを彩りよく散らすことも。

鰹のたたき

「鰹のたたきは、毎年決まったところから取り寄せているんです。静岡・焼津の山政さん。臭みがなくておいしいの。しゅういちさんのお気に入りでね。私はあまりお刺身は食べないから、お相伴程度にいただいています（笑）」

鰹のたたきをしゅういちさん好みの大きさに切り分ける。しそ、しょうが、みょうが、あさつきを刻み、鰹が隠れるくらいたっぷりとのせ、たれをまわしかける。「あさつきを採ってくるから、ちょっと待っててくださいね」と急いで畑に向かう英子さん。

右／たたき用の牛肉のかたまり。鉄のフライパンにオリーブオイルを熱し、すべての面をこんがりと焼く。左／鰹は毎年このサイズを２本取り寄せ。春の終わりのお楽しみです。

鶏のオーブン焼き

「クリスマスには丸鶏を焼いて、はなこに送っているの。同じ作り方で骨つき肉でもおいしく焼けるから、こちらは普段のごちそうに。手軽に焼けるのに立派でしょ」

鶏もも肉にオリーブオイルを塗り込み、塩、こしょうをふる。皮目を下にして天板に並べ、ちぎった無塩バターをポンポンとのせ、冷凍してあった小さいじゃがいもを鶏のすき間に置く。180度に予熱したオーブンで15分ほど焼き、裏返して溶けたバターをかけ、さらに15分ほど焼く。オーブンによって焼け具合が違うので、ときどき様子を見て焼き色をチェックして。じゃがいもが焼けていたら先に取り出しておき、溶けたバターを鶏にかけながら焼き色をつける。

バターは厚さ1cmくらいのかたまりをポンポンと散らすように鶏にのせておく。焼き上がったら食べやすいよう、骨をはずしてほぐし、皿に盛りつける。

カステラ

スイートポテト

チーズケーキ

レモンタルト

カステラ

○材料（15㎝角の木型1台分）
卵…6個　砂糖…250g　はちみつ…大さじ1
水…大さじ1　薄力粉120g

○作り方

1. 木箱に合わせてオーブンシートを敷く。
2. ボウルに卵と砂糖を入れ、泡立て器でもったりするまで泡立てる。はちみつと水を加えて混ぜる。
3. 薄力粉をふるい入れ、粉っぽさがなくなるまで、切るように混ぜる。
4. 3を型に流し入れ、180度に予熱したオーブンで5分焼く。いったん型を取り出し、「ゆ」の字を書くように、割り箸で生地全体を一度混ぜる。
5. 再びオーブンに入れて5分ほど焼いたら、4と同様に混ぜ、天板をかぶせてふたをして30分ほど焼く。串を刺して何もついてこなければ焼き上がり。冷めたら型から抜く。

スイートポテト

○材料（30個分）
さつまいも…太さ5㎝、長さ30㎝くらいのものを4本　ラム酒…小さじ2　卵…1個　生クリーム…200cc　砂糖…50g

○作り方

1. さつまいもは丸のまま180度に予熱したオーブンで30分ほど焼き、縦半分に切って中身をほり出す。粗熱がとれたら、ラム酒、溶き卵を加えてムラなく混ぜる。
2. 生クリームに砂糖を加え、もったりするまで泡立てる。
3. 1と2を混ぜ、30個くらいに分けて船形にまとめ、天板に並べて上表面に溶き卵（分量外）を塗る。
4. 180度に予熱したオーブンで10分焼いて様子を見て、天板の前後を入れ替えて、もう10分ほど焼く。

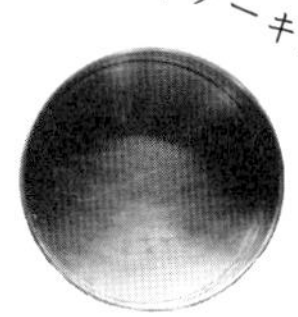

直径20㎝のケーキ型は、底の抜けるものと抜けないものを使い分けて。

直径20㎝のタルト型。台を焼いて冷凍しておけば、中身を詰めてあとは焼くだけ。

しゅういちさんお手製。「天板がちょうどふたになるサイズに作ってもらったの」

チーズケーキ

○材料（20㎝のタルト型1台分）

クリームチーズ…200g　サワークリーム（クロテッドクリームでもOK）…100g　卵黄…2個分　砂糖…50g　卵白…2個分　グラニュー糖40g　薄力粉…10g　コーンスターチ…20g　レモン汁…1個分　タルト台（作り方111ページ）…1台

○作り方

1. クリームチーズとサワークリームを混ぜ合わせ、卵黄、砂糖、レモン汁を加えて、なめらかになるまで混ぜる。

2. 卵白にグラニュー糖を加えて、角が立つまで泡立てる。

3. **1**に**2**を加えて泡が消えないようさっくりと混ぜ合わせ、薄力粉、コーンスターチをふるい入れて、粉っぽさがなくなる程度に混ぜる。

4. **3**をタルト台に流し入れ、180度に予熱したオーブンに入れ、30分ほど焼き、焼き色がついたら冷ます。

レモンタルト

○材料（20㎝のタルト型1台分）

A　レモン汁…1個分、砂糖150g、水270cc、卵黄…2個分、コーンスターチ…少々

卵白…2個分　粉砂糖…少々

タルト台（作り方111ページ）…1台

○作り方

1. **A**を鍋に入れて弱火にかけ、とろみが出てきたら火を止める。

2. 少し冷めてからタルト台に**1**を流し入れる。

3. 卵白に粉砂糖を入れて角が立つまで泡立て、タルトの上にのせ、泡が消えないように全体にのばす。

4. 180度に予熱したオーブンで3~5分焼く。卵白に焼き色がつけばできあがり。

お客さまへのケーキは、何種類か盛り合わせるのが英子さん流。「いろいろ食べられると楽しいでしょ」

チョコレートブラウニー

ココア風味のラズベリーロール

ガトーショコラ

チョコレートブラウニー

○材料（20㎝のタルト型1台分）
無塩バター…60g　スイートチョコレート…60g
卵…1個　グラニュー糖…95g　薄力粉…55g　シナモンパウダー…小さじ1/3　くるみ…100g　ラム酒漬けプルーン…65g　タルト台…1台

○作り方
1. ボウルにバターとチョコレートを入れ、湯せんにかけて溶かす。
2. 別のボウルに卵とグラニュー糖を入れて、もったりとした状態まで泡立て器で混ぜ、1を加えてさらに混ぜてもったりさせる。
3. 薄力粉とシナモンパウダーを2にふるい入れ、刻んだプルーンとくるみを加えて全体を混ぜる。
4. 3をタルト台の中に流し入れ、180度に予熱したオーブンで25～30分焼く。

ココア風味のラズベリーロール

○材料（28㎝角の天板1枚分）
卵黄…4個分　卵白…2個分　グラニュー糖…80g
溶かしバター…35g　薄力粉…20g　コーンスターチ…15g　ココア…15g　ラズベリージャム…適量

○作り方
1. ボウルに卵黄4個分と卵白2個分を入れ、グラニュー糖を加えて、もったりとした状態まで泡立て器で混ぜる。2. 1に溶かしバターを加えて混ぜる。3. 粉類をふるい入れて、粉っぽさがなくなるまでさっくりと混ぜる。4. 天板にオーブンシートを敷き、3を流し入れる。180度に予熱したオーブンで15～20分焼く。生地が冷めたら型から取り出し、ラズベリージャムを塗って、巻きすで巻く。「一晩巻きすに巻いたまま置いておくと、型崩れしにくく、味もなじむの」

ケーキ2種類にフルーツ寒天を添えて。リッチな午後の、おもてなしおやつ。

ガトーショコラ

○材料（20㎝のケーキ型1台分）
スイートチョコレート…125g　無塩バター…125g　卵黄…3個分　卵白…3個分　薄力粉50g　グラニュー糖…125g　粉砂糖…適量

○作り方
1. 型にバター（分量外）を塗り、薄力粉（分量外）をふるっておく。**2.** ボウルにチョコレートとバターを入れ、湯せんにかけて溶かす。湯からはずし、卵黄を1個分ずつ加えて、そのつど泡立て器で混ぜる。**3.** 別のボウルに卵白とグラニュー糖を入れ、角が立つまで泡立てる。**4.** **2**と**3**を合わせ混ぜ、薄力粉をふるい入れて混ぜる。**5.** 型に流し入れ、230度に予熱したオーブンで10分、150度に下げて20分焼く。**6.** 冷めたら型からはずし、茶こしで粉砂糖をふりかける。

基本のタルト台

○材料（20㎝のタルト型2台分）
バター…125g　砂糖…25g　塩2.5g、卵…½個分　水…25cc　薄力粉・強力粉…各125g

○作り方
1. 室温に戻してやわらかくしたバターをボウルに入れて、木べらで混ぜてなめらかにする。**2.** **1**に砂糖と塩を加え、バターが白っぽくなるまで混ぜる。**3.** 卵と水を合わせ混ぜ、2〜3回に分けて**2**に加えて混ぜる。**4.** 薄力粉と強力粉を合わせてふるい、**3**に加えて木べらで全体を混ぜ合わせる。**5.** 生地がひとまとまりになったら、平らな板の上に出して、中央に折り込むようにまとめる。これを5回ほど繰り返す。**6.** 生地を3㎝くらいの厚さにまとめ、ラップに包んで冷蔵庫で3時間ほど寝かせる。**7.** 生地を3㎜くらいの厚さにのばして、タルト型に敷き込み、フォークで穴をあける。重石をして180度のオーブンで10分、重石をはずして5分ほど焼く。

一度に2〜4台焼いて
冷凍しておけば、
中身をかえていろいろ
焼けるので便利なのよ

ノスタルジックプリン

ノスタルジックプリン

○材料（20㎝のケーキ型［底のはずれないタイプ］1台分）
卵…5個　卵黄…5個分　砂糖185g　牛乳…750cc
《キャラメル》グラニュー糖…150g　水…50cc

○作り方

1．キャラメルを作る。鍋に水とグラニュー糖を入れて火にかけ、沸騰して茶色くなってきたら木べらで混ぜて火を止め、型に流し入れる。

2．ボウルに卵と卵黄を入れて溶きほぐし、砂糖を入れて泡立て器で混ぜる。

3．牛乳を2に少しずつ加えて混ぜ、全部を混ぜたら、ざるでこす。

4．1の型に3を流し入れる。

5．200度に予熱したオーブンで湯せんにして30分、180度に下げて30〜40分焼き、あとは余熱で火を入れる。

6．粗熱がとれたら冷蔵庫に入れ、一晩冷やす。

「娘たちが小さいときからよく作っていたのがこのプリンかスイートポテトなのよ」

＼悩んでいます／
キャラメルが多いのよ
やっぱりこのお皿はやめるわね
キャラメルが多すぎたわ

おばあちゃんの出番

88歳で再訪した念願のタヒチ。「とても楽しかったのだけれど、帰りの飛行機では、留守番の英子さんに会いたくてね」としゅういちさん。おみやげはバナナの皮でできたおそろいの帽子（２ページ）。

味覚の記憶

英子さんは愛知県半田の造り酒屋に生まれ、大人になりました。そこではたくさんの職人さんたちが働いていたので、毎日の食事でまかなう野菜などは、畑で自家栽培をしていました。学校が嫌いだった英子さんは、学校から帰り、畑に行くことが当時の楽しみでした。

「最初のころは、鶏のえさにする菜っ葉を育てていましたね。ほとんど職人さんにやってもらってましたけど（笑）。ちゃんと見ていましたよ」

その後女学生になってからは、長兄が酒屋を継ぎ、英子さんはご両親といっしょに本家から居を移しましたが、近くの空き地でも苗や種を植えて、畑仕事に夢中になります。今のキッチンガーデンにつながる土への愛着はここから生まれてきたのです。

はなちゃんと
ろんちゃん

娘のろうこさんと孫のはなこさんの名前をスタンプした大小の椅子。風に吹かれながら畑を眺めるのにちょうどいいポーチに置いて。

英子さんのお母さんは、当時では珍しく、フランス料理の教室に通っているような方で、とても料理が上手でした。英子さんは幼いころから胃腸が弱かったので、いつもお母さんが作る、お腹にやさしい料理だけを食べて育ちます。家にはドイツ製のオーブンがあり、お母さんが焼いたパンをよく食べていました。

「小さいころから、当時は珍しかったパンを食べていましたね。焼きたてパン。おいしかったですよ。そのころの記憶があるから、今でも朝はパン食なのかしら」

そのような食生活の記憶から、しゅういちさんと結婚してからも自然と、母が作ってくれたような料理を作り、食べることで体調を整えてきた英子さん。

「外のものを食べるのはダメだったのよね。だから自分で作ってた。最初はおいしくなかったけれど（笑）」

みつまめ？
？
？
？

味覚を伝えること

「ものはなくてもなんとか暮らせるけれど、食べるものはちゃんと選ばないとダメね。食は命につながっているから」という英子さん。２人の娘さんをご自身の手料理で育て上げました。

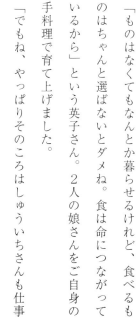

「でもね、やっぱりそのころはしゅういちさんも仕事で忙しかったし、それこそ夢中だったから、もっとああやってあげればよかった、こうできたんじゃないかって思うこともあるわね。だから、娘に子どもが生まれたときは、娘たちにできなかったことも、彼女にはやってあげたいと思ったの」

おばあちゃまとしてできること。孫のはなこさんが生まれたときに考えたのは、仕事で忙しい娘のサポートをし、食の大切さや新たな味の記憶をはなこさんに

お客さまをおもてなしするためのテーブルを、ふたりで黙々とセッティング。「何でも自分たちのペースでやりたいから、お客さまは座っててね」と英子さん。

伝えていくということでした。

東京に住むはなこさんは、学校の長い休みになるといつも、高蔵寺のしゅういちさんと英子さんのもとにやってきて生活をともにしていました。毎日のごはんをいっしょに食べたり、畑を手伝ったり。

「はなこさんはうちにいる間は、ほめられることしかなくて育ったの。それはほんとうにいいことね。やさしい子になったなぁと思うわ」

はなこさんが東京にいるときは「はなこさんへの宅配便」で、さまざまな料理やおやつ、畑の収穫物が送られていきます。

「とにかく毎日お弁当がいるでしょう、お弁当のおかずをなんとかしてやらないと大変なんですよ。畑で採れたごぼうできんぴらを作ったり、煮物を作ったりして、それを冷凍してクール便で送るの。ビーフシチュ

洗い物

シンクにたまった洗い物を、黙々と水洗いしていくしゅういちさん。「これをやっておくと英子さんがあとで楽ですから」

洗濯物を干して取り込んで

洗濯物を干したり取り込んだりするのはしゅういちさんの役目。「主人は几帳面だから、きれいに干して、きれいにたたんでくれるのよ」

ーなんかもリクエストがくるのよ。手間ひまがかかる料理は特に、こちらで作って送ってあげたいですね。ケーキも丸のまま冷凍して、切らずに送っちゃうの」

いつも食べている「おばあちゃまの味」。

英子さんの目で見て、安心安全だと思った食材や、土から大事に育てられた野菜で作った料理は、はなこさんの舌も育てていきました。

あるときのこと。しゅういちさんと英子さんが70代になり、おふたりの取材で訪れる人が増えたころ、はなこさんは「おばあちゃま、最近料理の味が濃くなったんじゃない？」と言ってきたのだそう。「スタッフの方たちが若かったので、少しずつ味が濃くなっていたのね。そんなつもりはなかったんだけど」

英子さんの味の基準は、確実に次の世代へとつながっているのだと実感できる出来事でした。

英子さん、
NHKのカイドーさんが
8日はいかがですか？って

今はね、
「あしたもこはるびより」の
続編を作るってんで
みなさんが来てるの

家に女がいたほうがいい

「私は幼いころからすごく人見知りで、家の中にいるのがいちばん好きだったの」という英子さん。女学校を卒業し、東京のタイプや英語の学校にも行ったけれど、東京でお勤めはせず、半田に戻ってきました。その後、進駐軍のアメリカ人が住むハウスで、家事全般をする仕事を1年くらいしましたが、それはとても楽しい仕事だったそうです。

「家のことをやるのが好きだったのね。土日はパーティがあったから、大勢でいただく料理づくりも手伝ったし、アイロンがけ、ベッドメイキング、銀器磨き…。どれも新鮮な経験でした。ラザーニャの作り方や、おいしいアイスティーのいれ方も、そのころ覚えたんだと思うわ」

濃くいれたお茶を
飲む直前に
氷を入れた器に
注ぐのよ

暑い夏の日のおもてなしは、香り豊かなアイスティーで。アツアツにいれた紅茶を氷で急冷させると、色のきれいなおいしいお茶がいただけます。

実家は歴史のある造り酒屋で、女の子は英子さん1人だったため、何を言われても口ごたえせず「はい」というのが当たり前に育ってきました。

「男の人に物申すなんてあり得なかったですね。それに商売人のしつけというか、自分のことより人のこと、人様に対して自分だけ得するのはよくないと言われ育ったので、家族のために家のことをやるのは当たり前だし、それが性に合っていたんだとも思います。女の人は家の奥にいるものだって」

しゅういちさんと結婚してからは、自分の感覚と勘を信じて正しいと思うことをひとつひとつ試し、続けてきました。

「しゅういちさんは私のやることにダメって言ったことは一度もなかったわね。ただ、楽しくないといけないってそれだけ。だから好きなようにやらせてもら

夏の夕暮れにはポーチに七輪を出してとうもろこしを焼きます。じっくり甘く焼き上げるのは、しゅういちさんの得意な仕事。

大皿に盛って、いただきます。ほっくりと甘く焼き上がったとうもろこしに、次々と手が伸びて、あっという間に完食。

って、ありがたかったですよ。お金は主人が稼いでくる預かりもので自分のものじゃないし、食材にお金はかかりましたけど、つつましかったですよ。自分のものはほとんど買わなかったしね」

「今の人は、本当に忙しい。娘も2人ともいつも忙しく働いてるし。だから家のことをやってくれる人がいるといいのよ。おばあちゃんはその役割なの」と英子さんは笑います。離れて暮らしているので、サポートできるのはやはり主に三度の食事について。「家族の健康は毎日食べる食事で決まるから、もし誰かが体調を崩したら自分の責任なの」と考える英子さんは、おいしい料理をせっせと作り、愛情がいっぱい詰まった箱を、今日もまた、はなこさんへと送り出します。

1 | 2

１高蔵寺ニュータウンが見渡せる高台の家。心地よい風が通り抜けていく。２庭の雑木林から、公園の木々までひとまとまりに見える豊かな緑。四季を通して目を、心をなごませてくれる。

愛用の調味料

調味料は出汁に次いで、味つけの決め手になる大切な要素。ひとつひとつ大切に選び、納得がいかなくなれば次のいいものをまた探して、を繰り返す。英子さんのおいしいものへの探究心は、まだこれからも続きます。

5	3	1
6	4	2

1揚げ物にはカラッと揚がる菜種油、きんぴらには風味豊かなごま油、そのほかの料理にはオリーブオイルやぶどう油（グレープシードオイル）を。2醤油は『角長』のものを。しゅういちさんが信頼する老舗で、長いおつきあい。3「ラム酒が好きなのね、私。お菓子の風味づけにちょこちょこ使っているの」4富士酢とワインビネガー。「同じ酸味でもビネガーはまろやか。お寿司やジャム、お菓子作りにも。富士酢はきゅうりもみとかしっかり酸味を足したいときに」5本みりんとメープルシロップ。「最近本みりんの代わりにメープルシロップを使ってみたの。みりんよりあっさりしてるわね」。きんぴらやはすの煮物などに。6「10年もの(右)は、食前酒に、5年もの(左)は料理用に。料理用は角煮やチャーシューを作るときに使います」

本みりん

MYERS'S RUM
Original Dark

手工釀造
紹興老酒
手工精制

富
純米

最近の塩抜き生活で塩はほとんど使わなくなったけれど、はなこさんに送る料理や来客のときの食事にはフランスの塩を。日本の粗塩も使います。

やさしい甘みの和三盆は、栗きんとんに使ったり、フルーツ寒天にパラリとかけたり。それ以外の料理などには、ミネラル豊富な甜菜糖を使うことが多い。

味噌は、白味噌、紅麹味噌、赤だしの３種類を混ぜた合わせ味噌。「私は半田生まれだから、やっぱり赤味噌が好きなのね。最近はお味噌汁はほんの少ししか飲まないから、あまり減らないけれど」

とんかつソースととびうおのだしは『平田牧場』のもの。ほんの少しの塩味のもとになるから、信頼できるものを。トマトピューレは普段は自家製だけれど、切らした場合は有機のものを使います。

何かおいしいものがあるのかな？　どこかの子猫が庭先からのぞいていました。

畑の片隅に、ズラリと並んだコンポスト容器。夏のうちに枯れた草もここに。化学肥料を使わないつばた家の畑にとって、大事な大事な堆肥がここで作られています。

畑と雑木林があれば大丈夫

高蔵寺に居を移し、畑を手に入れてからは、これさえあれば、貯金がなくても大丈夫、なんとかなると思えるようになったと英子さんはいいます。

「畑はずっと、土を育ててきたといってもいいくらいなの。野菜も畑を始めた当初より、今のほうがずっとおいしく育つようになって。雑木林もずいぶんと立派になりましたね。毎年、たけのこが生えたり、たくさんの落ち葉が肥料になったり、心地よい風を運んでくれる。こんなぜいたくなことはないですよ。わが家になくてはならない環境ですね」

お金は残せないけれど、たくさんの実りを与えてくれる畑と雑木林を、これからも大切にして、はなこさんに残していきたい、と英子さんは微笑みます。

畑と家がまるで大きなヨットでもあるように、中央に立てられたフラッグポール。季節ごとにいろいろな旗が、風になびいています。

ねえやの靴下

羊さんそのまんまの毛糸で編まれた英子さんの靴下とマフラー。お世話になった方たちに、お礼として差し上げてきました。1日1時間、今日も編み続けます。

綿もキッチンガーデンで栽培していたことがあるんですよ

綿花を収穫

種をとって

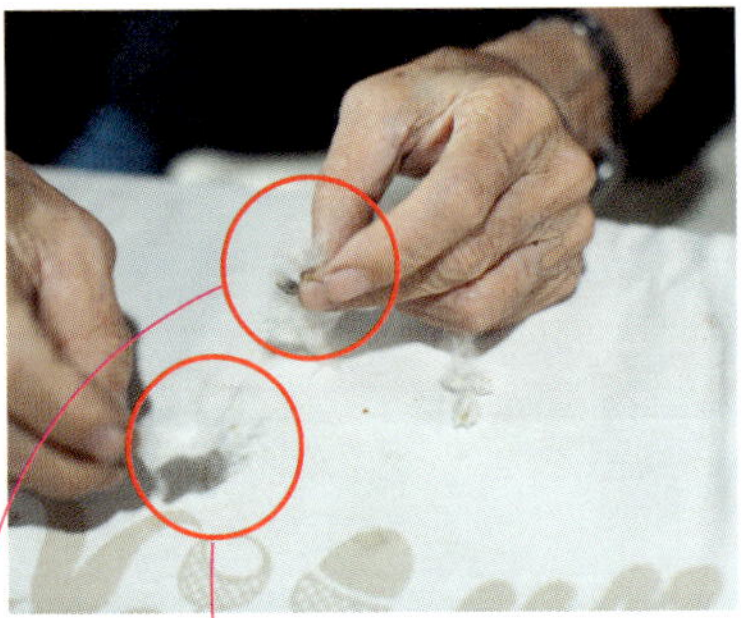

つばたさんちのコットン

ぜーんぶ天然色！

羊さんそのまんまの毛糸玉

「山梨に住んでいる姪っ子が、原毛を紡いで送ってくれるんですよ。それで編み物をしたり、織物をしたり。自然のまんまだから、色がそろっていないんだけど、それもいいでしょ」

糸を紡ぐのも

「糸の紡ぎ機も使いたいっていうので、古いのを貸したのよ」（写真手前）。奥の車輪のような〝かせくり器〟で、編みやすい毛糸にまとめます。

機織りでマフラー

広いリビング＆ベッドルームを抜け、畑へ出る途中に、英子さんの機織り部屋があります。「姪っ子が手紡ぎの毛糸を作っていてね。それでお世話になった方々にマフラーを織って差し上げるのよ。昨年は100本くらい織ったかしら。もう覚えてないわね（笑）」

何かを買って贈るということのないつばた家ですが、感謝の気持ちはこんな形で表現しています。

英子さんの靴下は
こんなふうに編まれています

病院の
待ち時間にも
こんなふうに
編んでるわね

光が入って
明るいから、
この場所が
いいのよ

ねえやから
教わった
この編み方しか
知らないの

編み方の流れ

1

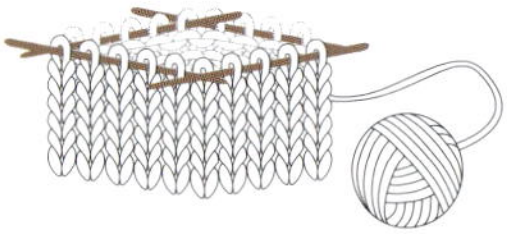

はき口から筒状
に編み始める

2

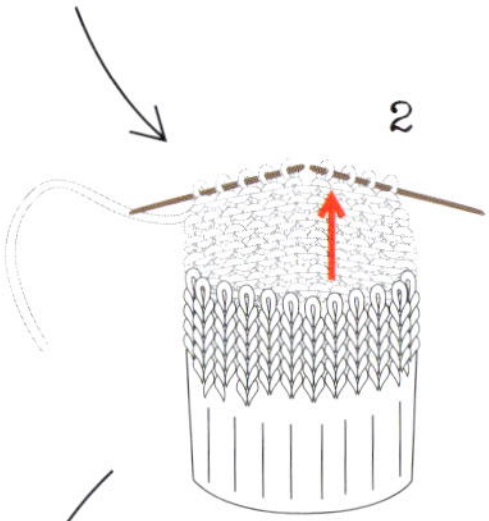

かかとの部分を
往復に編む

3

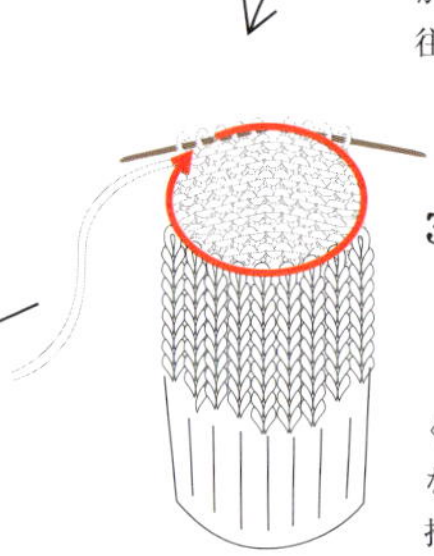

ぐるりと筒状に
なるように目を
拾っていく

もう片方も
あっという間よ

ほら、
かかとが編めた

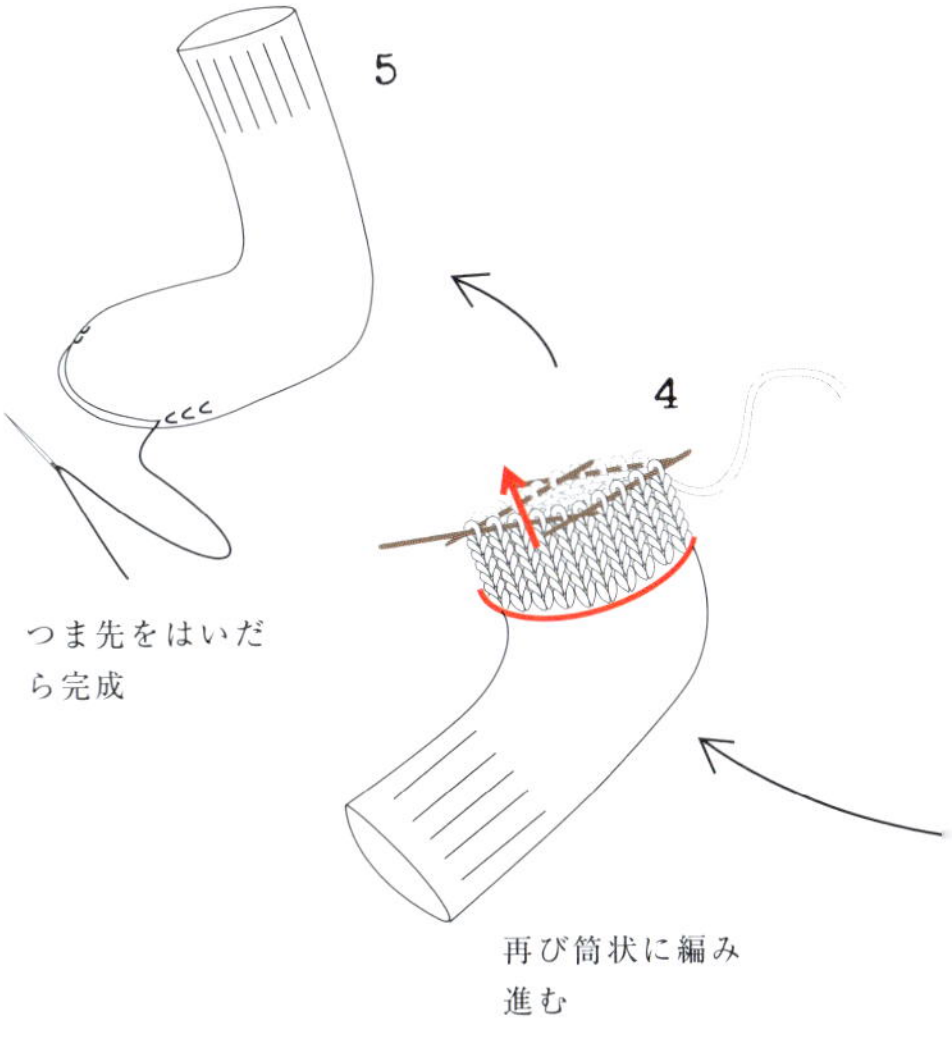
5
つま先をはいだら完成
4
再び筒状に編み進む

「女学生時代、制服の寝押しを手伝ってくれたり、編み物の仕方を教えてくれたのが、いっしょに暮らしていたねえやでしたね。この靴下の編み方も、そのころに教わったもの。作り方は1つしか知らないけれど、ずっと編み続けてきたから、なんとかなるものなのね」

穴があいたら繕えばいい

「うちは冬が寒くて床が冷たいから、毛糸の靴下が欠かせないの。いらしたお客さまもはけるように、ひと冬に何足も編んでおくのよ」と英子さん。

ルームシューズのようにはいていると、そのうちどうしてもかかとやつま先にほころびが。でもそんなことは気にしません。

「全然大丈夫よ。似たような毛糸で繕えばいいんだから。ほらまたはけるようになったでしょ」

あいた穴のつくろい方

1 穴からちょっと遠いところに、似たような毛糸をつけ、編み目に沿って縦方向にちくちく…。

2 折り返してさらにちくちく…を繰り返して。

3 穴の反対側のちょっと遠いところまで毛糸を縫いつけます。

4 今度は横方向にちくちく…。

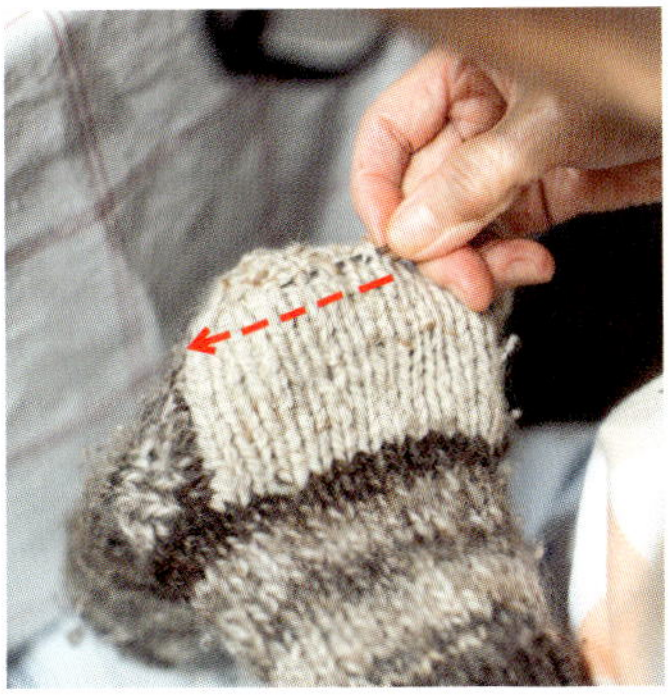

5 こちらも折り返してちくちく。1目ごとに互い違いになるように糸を渡して。

ねえやの靴下作り方

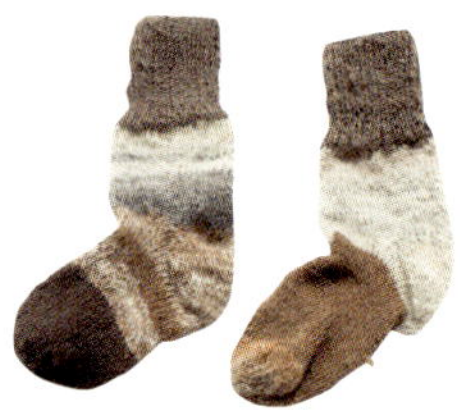

◯編み方

糸は1本どりで編みます。

1 一般的な目の作り方で40目作り目をして輪にし、1目ゴム編みを25段編みます。

2 続けてメリヤス編みで側面を16段編みます。

3 かかとは20目ずつに分け、一方は続けて減らし目をしながらメリヤス編みで往復に24段編みます。残りの20目は休めておきます。

4 甲側と底側を続けて編みます。針にかかったかかとの10目から続けて編みますが、かかとの脇から12目、休み目から20目、再びかかとの脇から12目拾って、1段めを輪に編み、54目に増します。

5 記号図を参照して4か所で減らし目をしながら、メリヤス編みを9段めまで編みます。続けて増減なく45段めまで編み、つま先部分を4か所で減らし目をしながら52段めまで編みます。

6 残った8目同士をメリヤスはぎにして糸を始末します。同様にもう1枚編んだらできあがりです。

＊できあがりサイズ
底丈　約22cm（足のサイズ22〜24cm）
靴下丈　約26cm
＊ゲージ
16目×26cm＝10cm

◯材料と用具

極太程度の手紡ぎの毛糸　約180g
8号4本棒針　毛糸用のとじ針　はさみなど

＊サイズやゲージは目安です。英子さんが使っているのは手紡ぎの糸なので、太さにそれぞれ差があり、靴下も編むたびに少しずつ大きさが違うのも持ち味。好みの大きさになるまで段数を調整しながら編んでみてください。

トレース／たまスタヂオ

製図

※◎と◉を合わせてメリヤスはぎではぐ

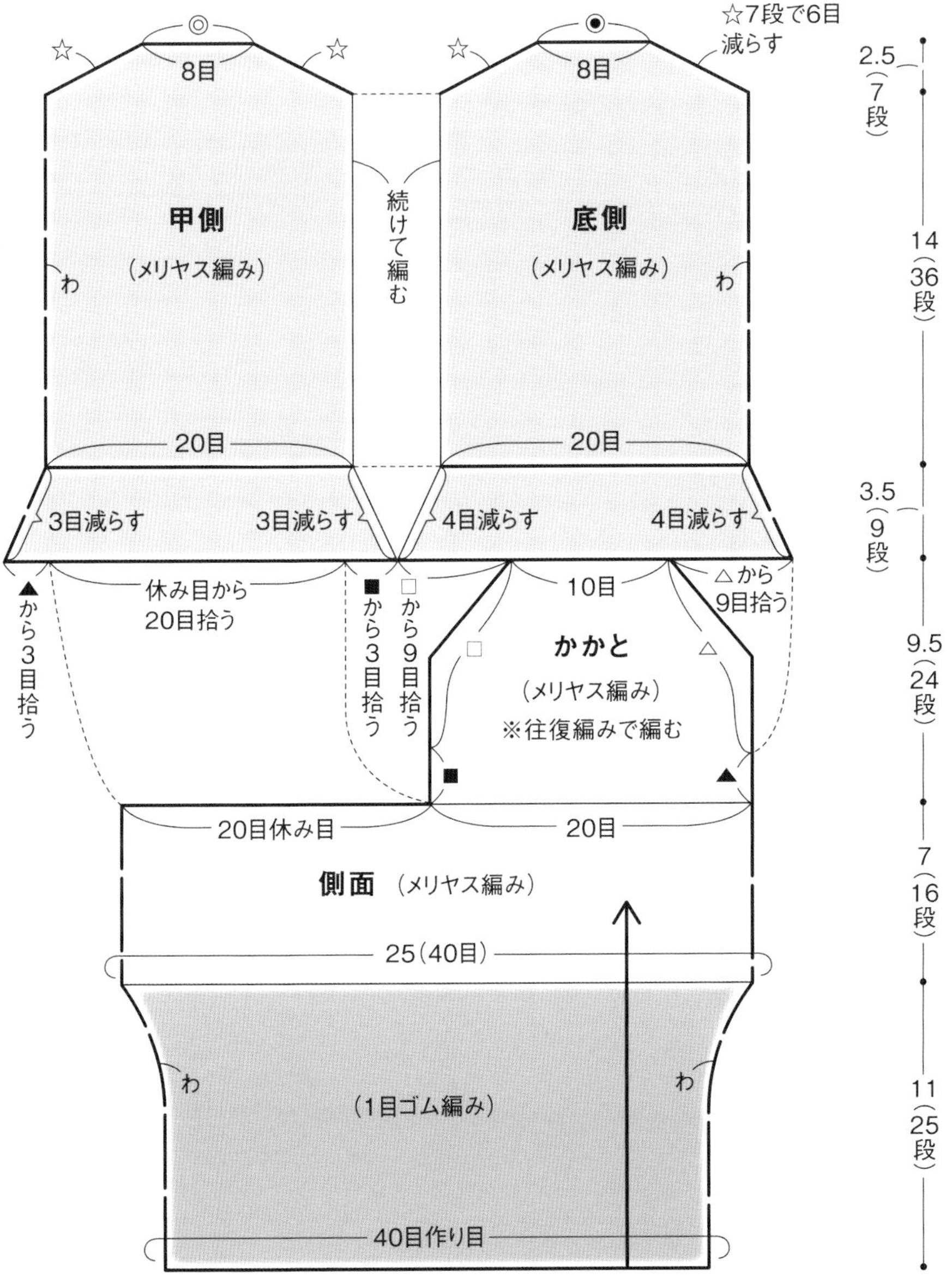

単位＝cm

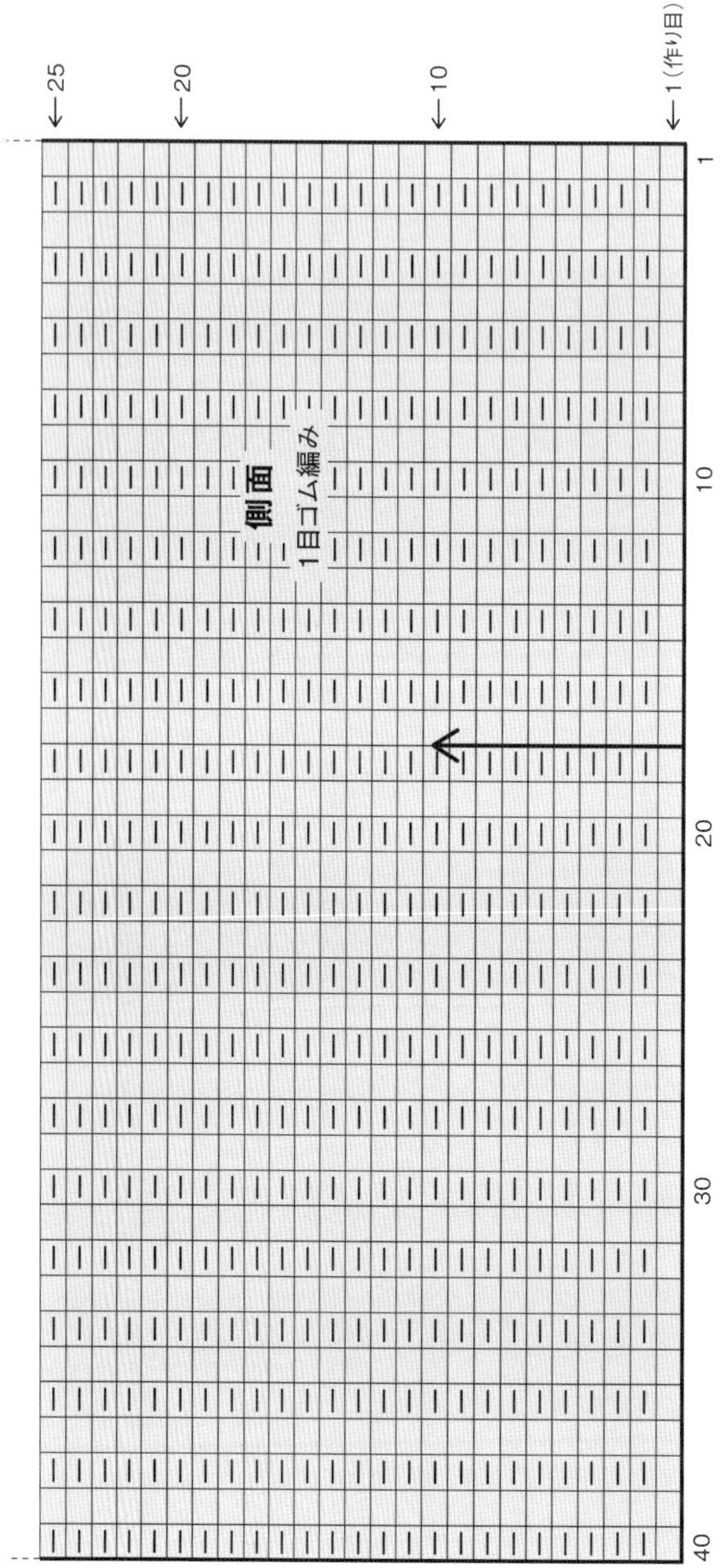

側面からかかとまでの
編み方記号図

□・□(|)＝表目
□(—)＝裏目
入＝右上2目一度
人＝左上2目一度
●＝拾い目位置

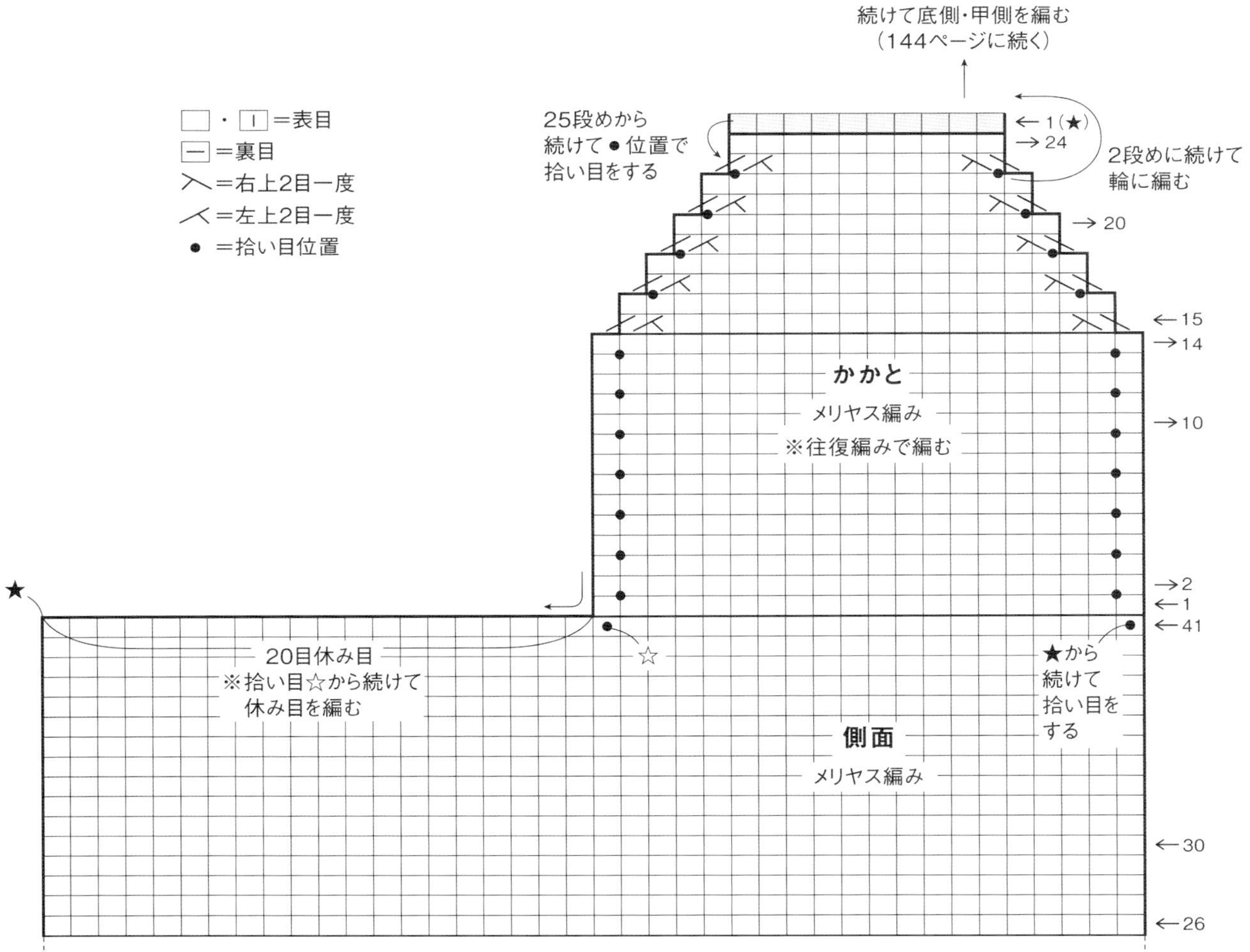

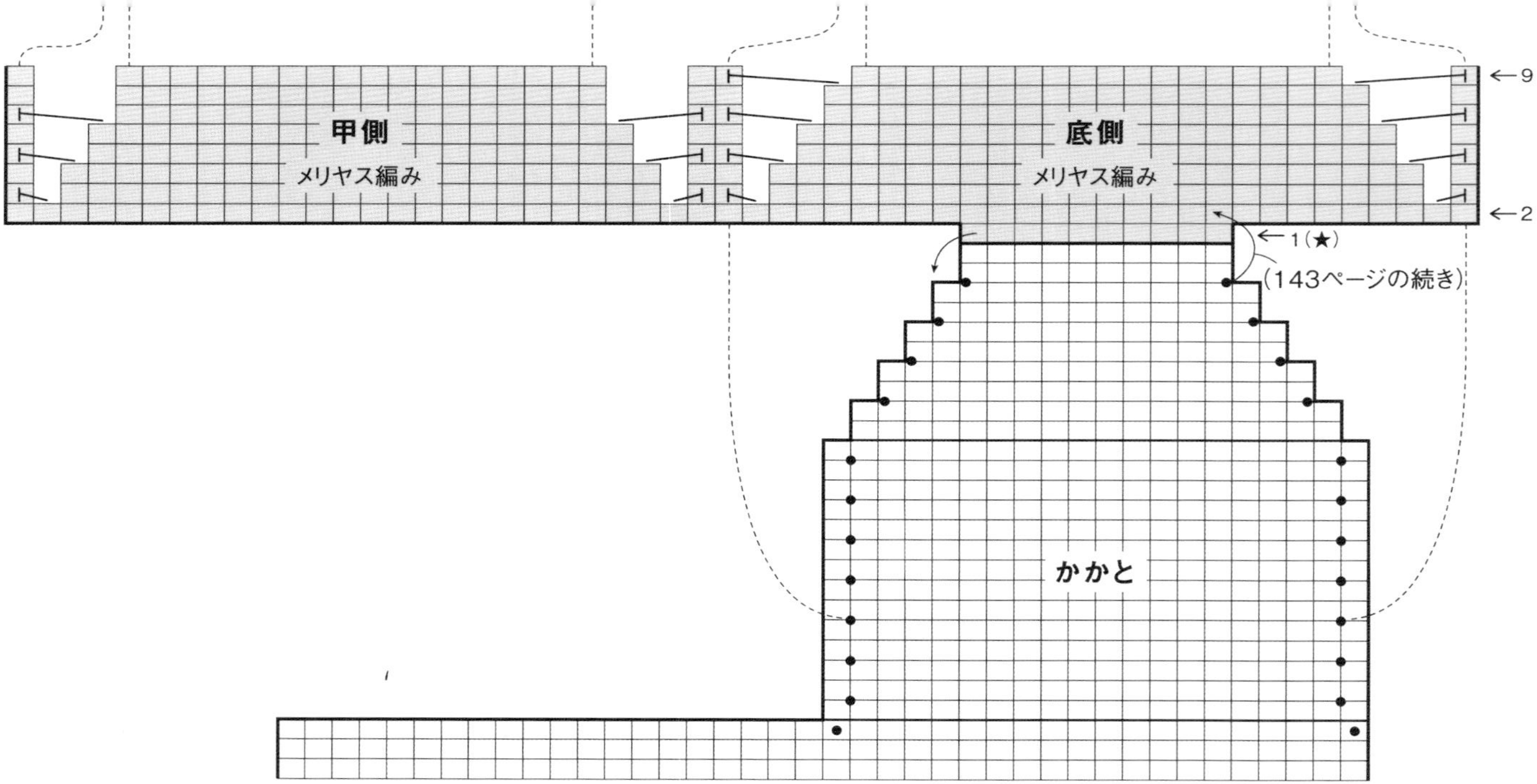

かかとから甲側・底側までの
編み方記号図
※143ページの続き

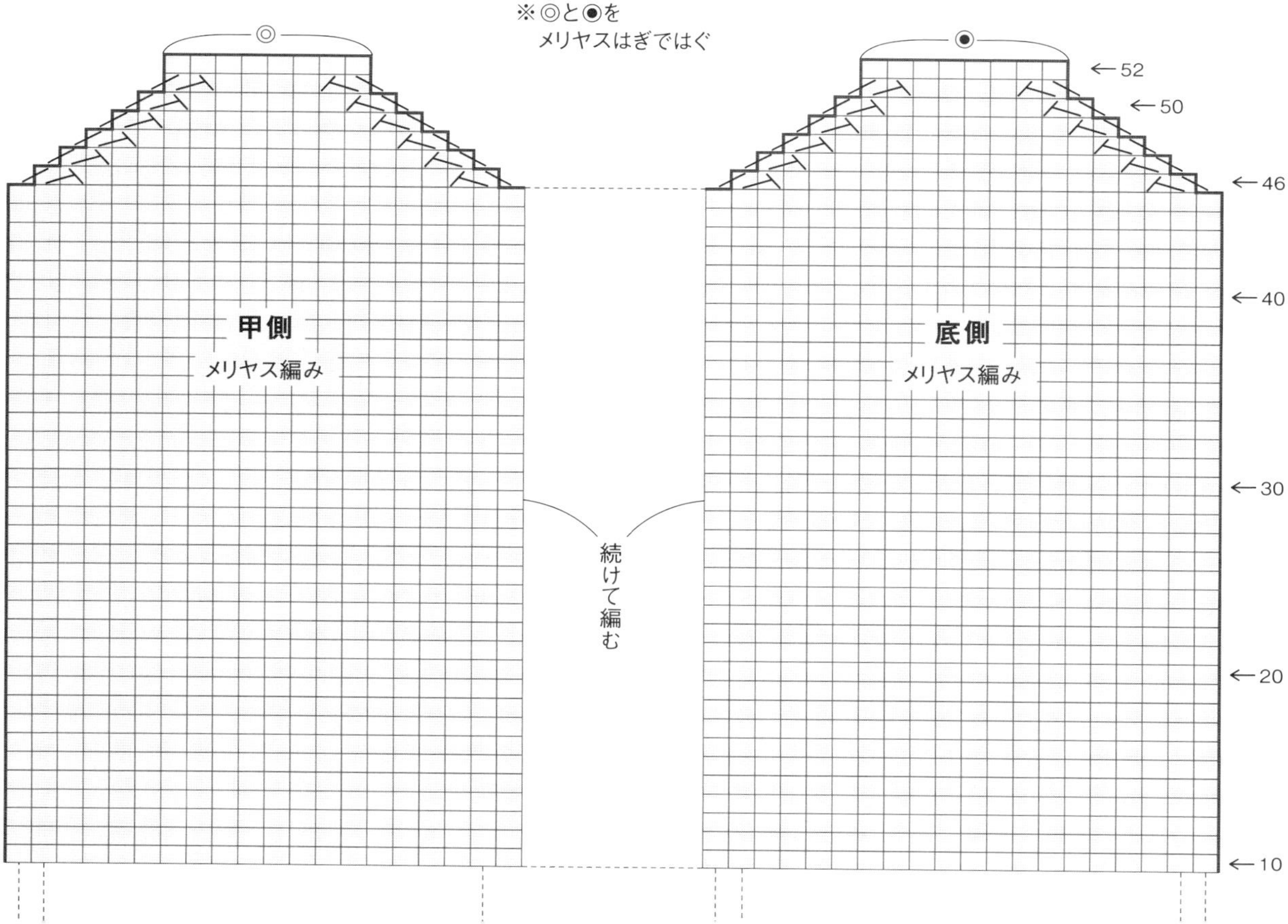
※◎と◉を
メリヤスはぎではぐ
◎
◉
←52
←50
←46
←40
←30
←20
←10
甲側
メリヤス編み
底側
メリヤス編み
続けて編む

しゅういちさんは身の丈以上
英子さんは何も持っていない

はなちゃんの
貯金箱

新入り冷凍庫の上に、豚の貯金箱が置いてあります。これははなこさんのために500円玉を貯めるもの。「足りないと出しちゃうの。だから今は空っぽ（笑）。全然貯まらないわね」

白のスニーカー

「しゅういちさんは、お金の心配なんかしたことないわね、きっと。家計のことはわかってなかったんじゃないかしら。結婚当初にお金の話で暗い顔をされて以来、私もいっさい相談しなかったから」と飄々と語る英子さん。

「私は家のことでは好きなようにやってきたけれど、自分のものは買わなかったわね。今日のこの服も、ろんちゃんのお下がりだし（笑）。主人は昔から身の丈以上のことをしますからね。お給料4万円の時代に、70万円のヨットをポンと買ってしまったり。最初はびっくりしましたけれど、まあそれも間違っていなかったかと。私にも子どもたちにも、ヨットにまつわるたくさんの思い出ができましたから」

すてきなポットですね
STANLEY

冷たい飲み物が苦手な英子さん。夏は常温、それ以外の季節は温かいハブ茶を飲みます。飲みたいときに飲めるようにポットに作り置き。

英子さん、ふたをきちっと閉めてないんでしょ
もう古いよー、すぐにぬるくなっちゃうの
閉めてるわよー

幼いころから、お金を見ずに生活していました。

「パンツは5枚、肌着は3枚。お正月になると新しいのを買ってもらったの。制服以外に1～2枚着るものがあればよかったんですよ。造り酒屋なんていうと裕福に思われがちですけど、つつましかったですよ。母がきちんと裁量していたんでしょうね」

男の人のすることには口を出すものではない、と教えられてきた英子さんは、お嫁入りのときに実家から持ってきた少しの着物や宝石を処分したり、持ってきたお金を少しずつ切り崩して家計をやりくりし、なんとかその場その場をしのいできました。

「まあ、慣れちゃえばなんとかなるものよね。うちは世の中のこと、何にもしないからね。そう、貯金をするとか、保険に入るとか、そういうことはいっさいなし。だから健康でいないといけないの（笑）」

緑豊かな公園を見下ろす位置に建つ、つばた家。高蔵寺ニュータウンをつくったころの資料も大事に保存。

90歳で引き受けた設計の仕事

90歳で引き受けた設計の仕事は、九州の病院。「病院のまっすぐな廊下がいや」というしゅういちさん。「歩いていて気持ちが明るくなるような、廊下が中心だといいね」と。

そんな英子さんだから、一度手に入れたものはとても大事に使います。いつも履いて、元は白だったはずのスニーカーも、年季の入った一足でした。それを見ていたしゅういちさんは、娘さんに同じものを探してもらい、英子さんへのクリスマスプレゼントに。

「ものはいらないっていうんですけどね」と英子さん。

「英子さんが履いていたのが古くなってたから、同じものを探したけどないのね。それで、ようやくこれが手に入ったの。英子さんにプレゼントしたくて」としゅういちさん。中敷きには英子さんへのメッセージも。

「冬は靴下2枚はいているから、夏にならないときつくてはけないわね（笑）」と英子さん。

ふたりのやりとりは、一見ちぐはぐなように思えますが、いつもお互いのことを見守っている様子が伝わってくるようでもありました。

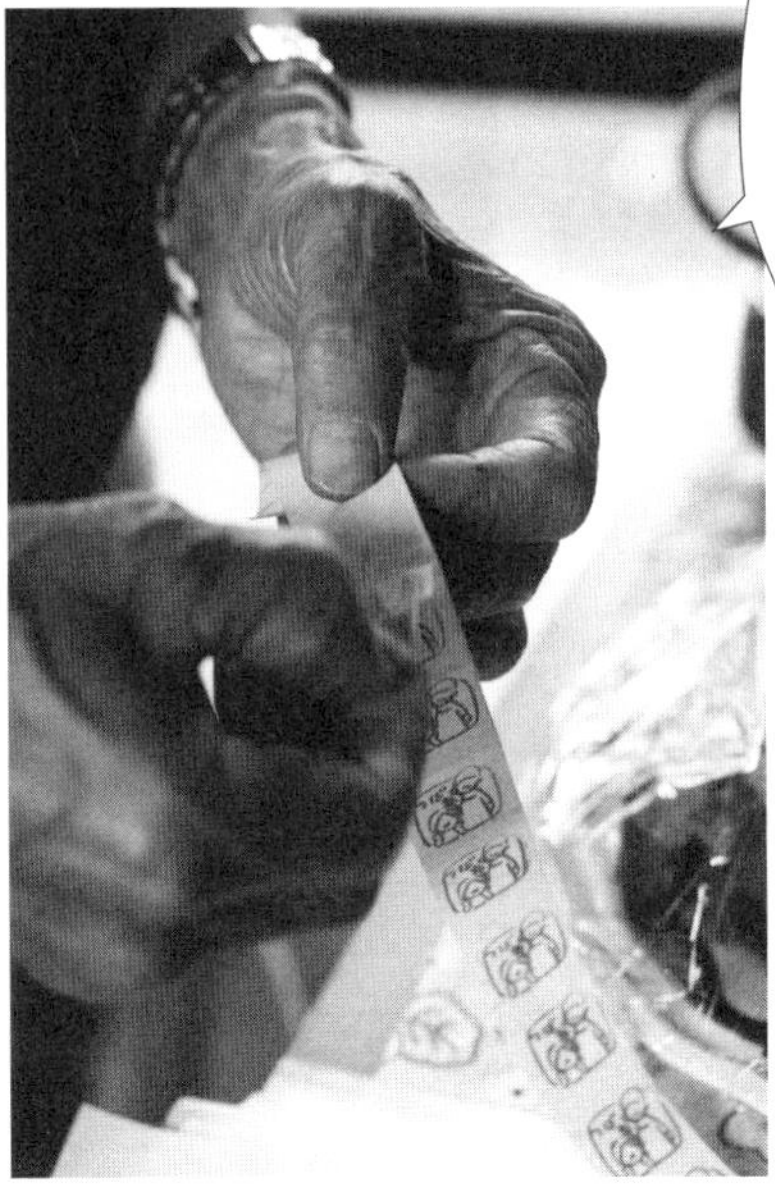

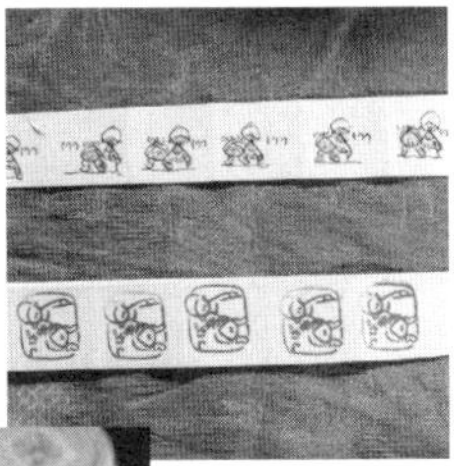

「イラストを一枚一枚書いていると大変だからね」としゅういちさん。ふたりが並んだトレードマークのイラストはシールに。たくさんできたジャムの瓶にどんどん貼りつけて。

今日中に終わらせなきゃっていうのはない

おもてなしの食事が終わり、お客さまが片づけを手伝おうとすると、英子さんは必ず「そのまま置いておいて。あとで私がやるから」と言います。たくさんの食器や、調理のあとの鍋など、後片づけが大変なのでは？　と心配になりますが、「今日中に終わらせなくていいのよ。少しずつやるから」と笑顔で答えます。

お湯が出ないキッチンでは、洗い物をする際の英子さんなりの段取りがあります。洗い桶に水をためて少しの洗剤（石けん）で汚れを落としてすすぎ、その間に沸かしておいたお湯で、もう一度すすぎます。それを拭き上げて、食器棚にしまって…と一連の作業を、自分のペースで行うのが、英子さんにとっても気楽なのです。

庭に咲いていた水仙の花を豪快に。どんなに忙しくても、その時々の花をしつらえるのは欠かさない。

「いっぺんにやろうとするからいやになっちゃうの。明日やったっていいと思えば、気分も楽でしょ。最近はもう、そういうペースにしたから」

編み物や機織りは1日1時間、テーブルクロスのアイロンかけも一度にたくさんはやりません。畑の草とりも、今日はひと畝だけなどと決めて、疲れるほどには根を詰めないようにしています。粕漬けや昆布〆を下ごしらえしておくのも、ラズベリーを冷凍しておいて、手のあいたときにジャムにするのも、そのペースを保つための暮らしのアイデアです。

片づけもそう。畑もそう。手仕事も料理もそう。今日中に終わらせようとせず、少しずつがちょうどいい。「楽しくやらないと」がしゅういちさんのモットーだからね、と英子さん。自分なりのペースで楽しみながら、家の仕事を今日もしっかりこなしていきます。

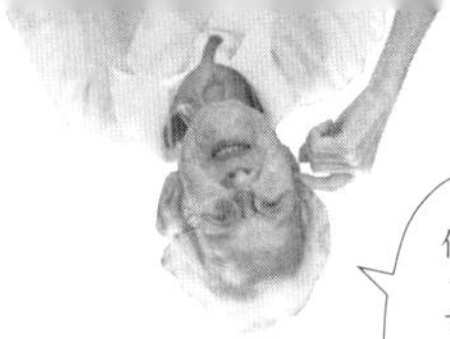

「いつも作るプリンのレシピを違うものにしてみたの」と英子さん。試しに作ってみたホットケーキがおいしかったので、同じ料理研究家のレシピで今度はプリンに挑戦。「いつもは大きい型で蒸し焼きにするのだけれど、今日は小さいサイズで。どうかしらねぇ」

探究心は止まらない

自分の勘と舌を信じて食材を選び、毎日の料理を作ってきた英子さんですが、いまだに「どうやったらもっとおいしくなるかしら、これを試してみたらどうかしらって、いつも考えていますね」と言います。

気になるレシピを見つければ、何度も作ってみて、おいしいか、いつも同じように作れるか確認することも。本やテレビでおすすめの調味料があれば、とりあえず試して、よければ続けてみて。長年慣れ親しんだレシピや食材にこだわりすぎず、新しい情報をしなやかに取り入れていきます。

「煮るときにお砂糖を入れるんだけれど、ちょっと少なめにしてみたの」

「いつもはオーブンで焼くんだけれど、蒸したらどう

えびとれんこんの春巻き

ろうこさんが持ってきてくれた料理の本を見て、おいしそう、と作ってみたえびの春巻き。レシピは参考にしたけれど、巻き方は英子さん流。いつもの口癖「適当なのよ（笑）」。

なるかなと思って」

「もうオーブンが古いから、キッチン全体も新しくしたいのよね」

次々とやりたいことを口にする英子さん。しゅういちさんの塩抜き生活の食事づくりを通して、食に対する探究心が再び盛り上がってきたのかもしれません。

ほかにも「また刺しゅうを再開してみようかと思っているの」と。以前、白糸刺しゅうを習っていて作品もずいぶんと作りましたが、「白は糸が見えにくくて」と、最近は刺しゅうから少し遠ざかっていました。それでも「はなこさんのお嫁入りのときに持たせたいなと思って」と意欲が再燃。毎日少しずつの精神で、これから作りためることにしたのだそうです。

常に未来に目を向けて進む情熱。それこそが、英子さんの元気の源といえるのでしょう。

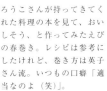

パイナップルのアップサイドダウンケーキ

○材料（20㎝のケーキ型1台分）
干しパイナップル*…適量　グラニュー糖…100g　水35cc　無塩バター…40g
卵…3個　砂糖…100g　溶かしバター（無塩）…40g
A　薄力粉…80g、コーンスターチ…20g、ベーキングパウダー…小さじ1

○作り方
1. 鍋にグラニュー糖、水を入れてキャラメルを作り、型に入れる。固まったらその上にバターを塗る。
2. 干しパイナップルを1の上に並べる。
3. ボウルに卵、砂糖を入れて、泡立て器でもったりするまで泡立て、溶かしバターを加え混ぜる。
4. 3にAをふるい入れて粉っぽさがなくなるまで切るように混ぜ、2の上に流し入れる。
5. 200度に予熱したオーブンで10分、180度に下げて15分焼く。

＊干しパイナップルは38ページのようにパイナップルを天日に干して作る。干しパイナップルがないときは、パイナップルを薄切りにしてバターで炒めて水分をとばしてから使う。

クリスマスのフルーツケーキ

○材料（22×10×7㎝のパウンド型1台分）

砂糖…130g　卵…2個　卵黄…1個分　溶かしバター（無塩）…135g

A　薄力粉…170g、ベーキングパウダー…小さじ⅔、シナモンパウダー・ナツメグ…各小さじ½

くるみ…40g　プルーンのラム酒漬け…100g　ドライフルーツ各種（マンゴー、パインなど）…適量

○作り方

1. 型にバター（分量外）を塗り、粉（分量外）をふるう。**2.** ボウルに砂糖、卵、卵黄を入れ、白くもったりするまで泡立てる。**3.** **A**を合わせてふるい、くるみ、プルーンのラム酒漬け、ドライフルーツと合わせて混ぜる。**4.** **2**にバターを入れて混ぜ、さらに**3**を入れて木べらでさっくりと混ぜ合わせる。**5.** **4**を型に流し入れ、180度に予熱したオーブンで35分くらい焼く。**6.** 粗熱がとれたら、ラップでくるみ、冷蔵庫で寝かせる。10日くらい置いてからが食べごろ。

切るのは10日ぐらい置いてから。ぎゅっとしまったケーキになる。これは間違えて熱いうちに切ってしまったもの。

目の作り方と
編み目記号の編み方

一般的な目の作り方

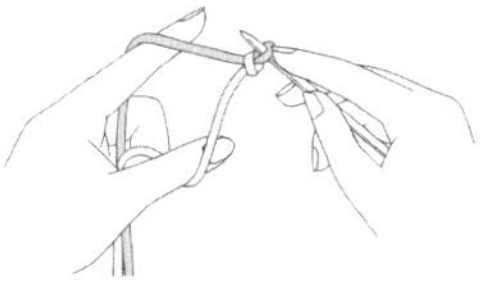

1 糸端から編み地の幅の３～４倍残したあたりに結び目を作り、針を入れる。左手の親指と人差し指に図のように糸をかけ、結び目を引き締める。

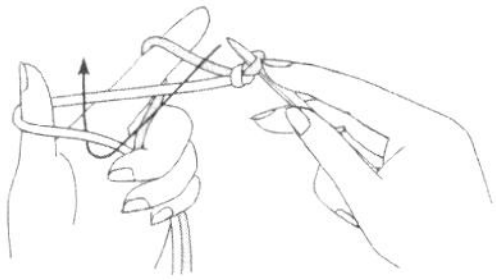

2 右の人差し指で針にかかった結び目を押さえ、左手の親指にかけた糸を矢印のようにすくう。

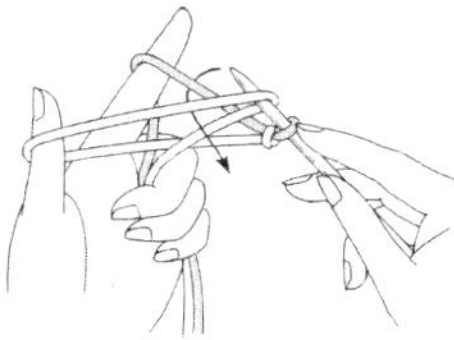

3 人差し指にかかった糸を針にかけて、矢印のように輪から引き出す。

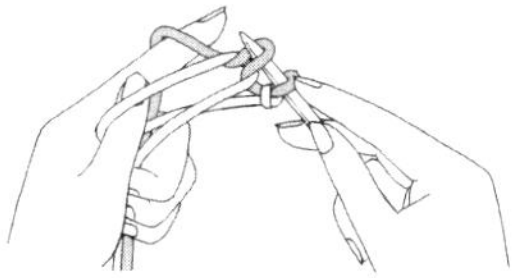

4 親指の糸をはずす。

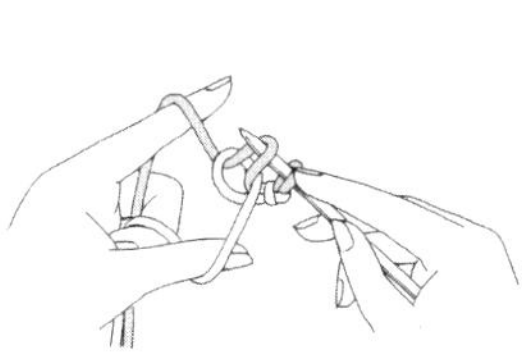

5 親指に糸をかけ、ゆるめに引き締める。

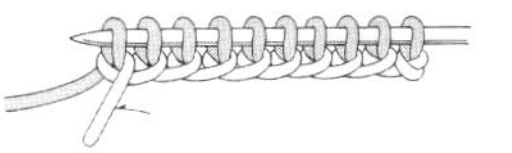

6 2~5を繰り返し、必要な目数を作る。これを１段めとする。

表目

I

1

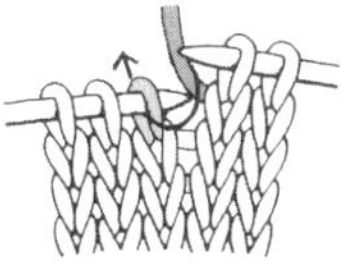

糸を針の向こう側に置き、矢印のように目の手前側から右の針を入れる。

2

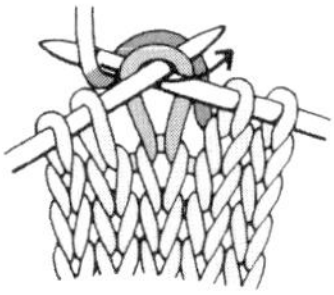

右の針に糸をかけ、矢印のように手前側に引き出す。

3

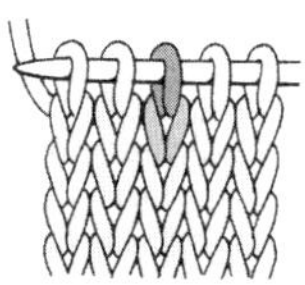

１段下（針にかかっている目の下）に編み目ができた。

メリヤスはぎ

1

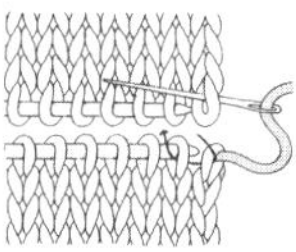

2

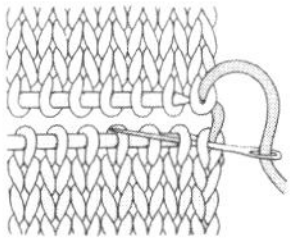

3

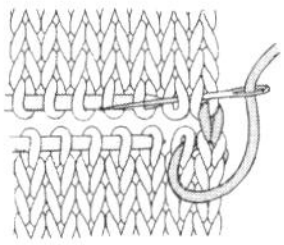

編み地を突き合わせにし、1～3のように針を動かして、編み地と同じ目を作るように目を拾う。

4

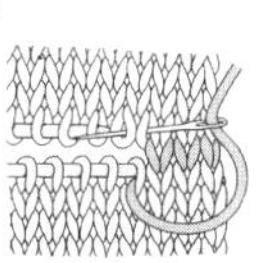

手前側と向こう側の目を交互にすくい、1針ごとに糸を引き、編み目と同じ大きさの目を作る。

左上2目一度

1

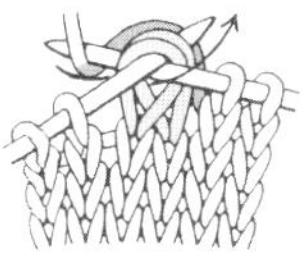

右の針を2目一度に手前側から入れ、矢印のように糸を引き出して表目を編む。

2

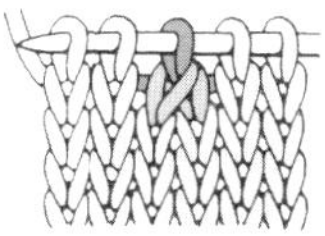

1段下の左の目が右の目の上に重なる。

右上2目一度

1

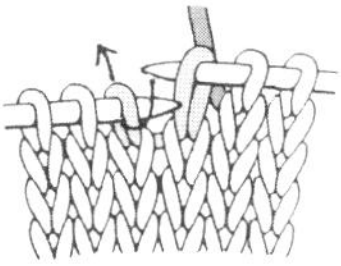

右の針を手前側から入れて編まずに目を移し、次の目に矢印のように針を入れ、表目を編む。

2

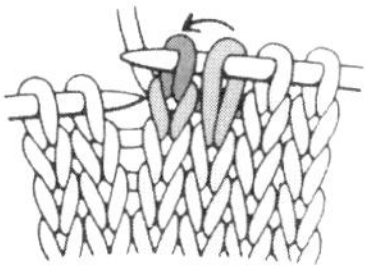

編まずに移した目に左の針を入れ、1で編んだ表目にかぶせる。

3

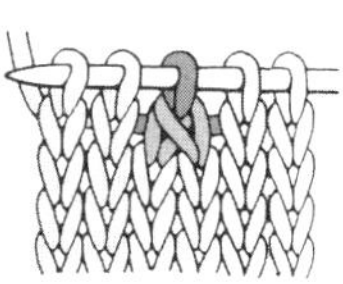

1段下の左の目の上に右の目が重なる。

裏目

－

1

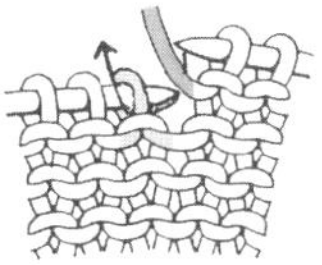

糸を手前側に置き、矢印のように目の向こう側から右の針を入れる。

2

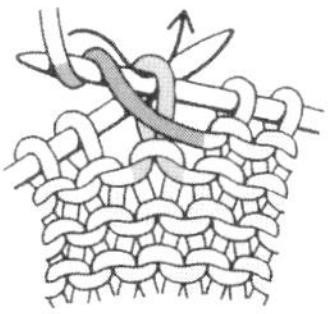

右の針に糸をかけ、矢印のように向こう側に引き出す。

3

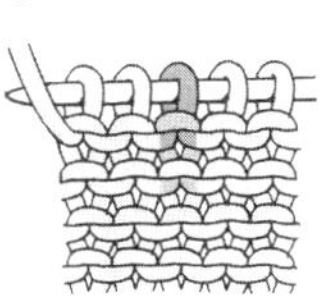

1段下（針にかかっている目の下）に編み目ができた。

「おわりに」

私は小さい時から腸が弱く、女学校まで外のものをいただいたことがなく、母の手作りで育ちました。造り酒屋の一年間の月ごとの行事が巡るその原風景のなか、毎日繰り返される営みの中で私は大きくなりました。結婚してこの歳になるまで半田の家の暮らしそのままに、あたかも自分の体の中から紡ぎだされるかのように、毎日の暮らしを送ってきました。

昔から〈食は命なり〉と教えられ、食べることに一生懸命でした。

孫のはなこさんが生まれてから、月に2回、旬の食材を買い求め、自分流に作って贈りました。気がついてみると26年間、月に2回、ずっと繰り返してきました。はなこさんが30代40代になった折には、何年も味わった味覚で、私と同じように、懐かしく作ってくれることと思います。母から

伝わった味覚は、私から孫にきっと伝わっていると思います。

子どもたちが一番多感な時期、主人は毎日曜日、私と子どもを連れてハーバーに行きました。10年の日々と連休や夏休みの長期のクルージングも、当たり前の暮らしのなかで、言葉ではなく、確実に家族の絆や娘たちへの父の思いなどが、何も言わなくても伝わってきたものと感じられます。

ここ10年くらいはお正月の箱根駅伝を見るたびに、たすきをかけて走るランナーの姿を自分にかさねて、母からたすきを受け継いだ時から次の世代に渡すまで、一生懸命毎日を暮らさなければと思っています。

英子

＊本書の制作をしていた6月2日、90歳とちょうど半年の日にしゅういちさんがご逝去されました。お昼寝をしたままの、安らかな最期でした。心よりご冥福をお祈り申し上げます。

編集スタッフ一同

装丁デザイン　池田紀久江
撮　影　田渕睦深
取材・文　野々瀬広美
校　閲　滄流社
企画・編集　吉川亜香子

ひでこさんのたからもの。

著者　つばた英子
　　　つばたしゅういち

編集人　小田切英史
発行人　倉次辰男
発行所　株式会社 主婦と生活社
〒104-8357　東京都中央区京橋3-5-7
編集代表　tel 03-3563-5194
販売代表　tel 03-3563-5121
生産代表　tel 03-3563-5125
http://www.shufu.co.jp
製版所　東京カラーフォト・プロセス株式会社
印刷所　大日本印刷株式会社
製本所　株式会社若林製本工場

ISBN978-4-391-14687-5

つばた英子

1928年生まれ。キッチンガーデナーとして、大地に根ざしたていねいな暮らしを実践中。「お金はなくても、畑と雑木林があれば大丈夫」

つばたしゅういち

1925年生まれ。自由時間評論家。東京大学卒業後、アントニン・レーモンド、板倉準三の建築設計事務所を経て日本住宅公団入社。広島大学教授、名城大学教授、三重大学客員教授などを歴任。本書を制作中の2015年6月2日、お昼寝したままその生涯を終える。享年90歳。

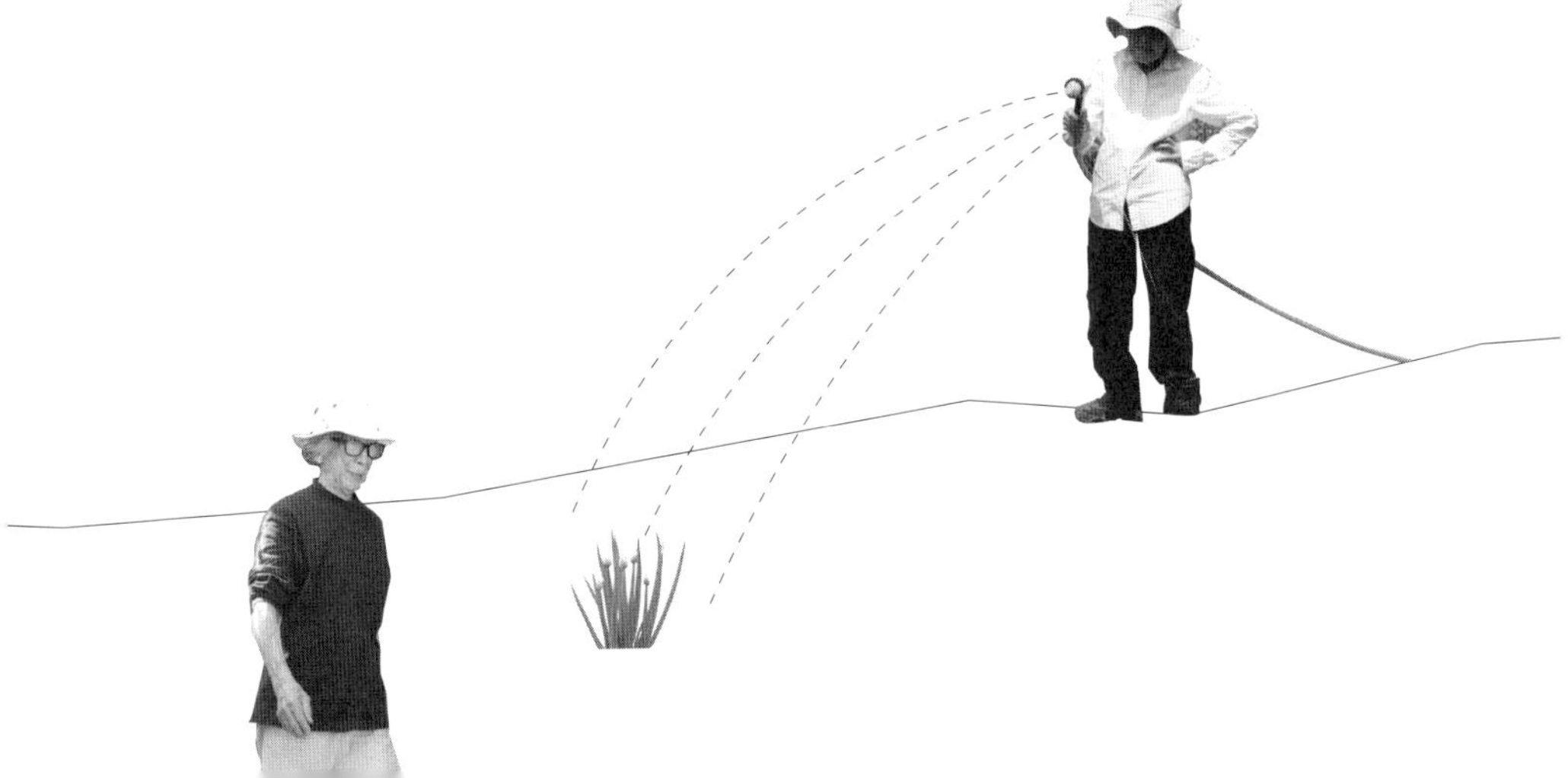